복 있는 사람

오직 여호와의 율법을 즐거워하여 그 율법을 주야로 묵상하는 자로다.
저는 시냇가에 심은 나무가 시절을 좇아 과실을 맺으며 그 잎사귀가 마르지 아니함 같으니
그 행사가 다 형통하리로다.(시편 1:2-3)

다그 함마르셸드의 『이정표』는 20세기 가장 존경받는 국제공무원의 내면세계를 보여주는, 탁월한 깊이와 진정성을 지닌 작품이다. 내밀한 성찰의 기록으로서 이 텍스트는 절제와 인간애, 깊은 도덕적 책임감으로 직조된 삶의 궤적을 품고 있다. 이 작품은 지극히 개인적인 경험과 보편적 가치를 절묘하게 결합했다는 점에서 특별하다. 함마르셸드는 고독과 자기성찰의 순간들뿐만 아니라 리더십과 공적 봉사가 요구하는 윤리적 딜레마까지 솔직하게 남겨두었다. 그의 글은 시대를 초월하여 인간적인 의구심과 직업상의 의무, 내적 침묵과 외적 행동 사이의 긴장을 아우른다. 『이정표』는 나날의 기록을 넘어선 영적이고 지적인 유산이다. 진실성과 책임감, 삶의 의미에 대한 답을 찾는 독자들에게 꾸준히 영감을 전하면서 개인적 성찰과 집단적 지혜에 기여하는, 시대를 초월한 작품으로 남아 있다.

— 칼-울르프 안데르손, 주한스웨덴대사

다그 함마르셸드는 지금까지 존재한 유엔 사무총장 가운데 그 직책에 어울리는 일을 해낸 진정한 인물이다. 유엔 평화유지군을 창설해 평화를 실현하는 모습을 보여주었고, '진공 이론'(Vacuum Theory)을 내세워 유엔헌장에 명시되지 않은 영역까지 유엔 사무총장의 일로 만들어 나갔다. 분쟁을 해결하고 평화를 만드는 일에는 누구보다 먼저 유엔 사무총장이 나서야 한다는 생각에서였다. 그런 비전 제시형 리더십으로 1956년 수에즈 위기, 1958년 레바논 분쟁 등 많은 국제분쟁을 해결했다. 1961년 민주콩고의 내전 사태를 풀고자 현장에 갔다가 비행기 추락으로 사망했는데, 그해 노벨평화상 수상자로 결정됐다. 사망자에게는 노벨평화상을 주지 않던 관행도 그때 깨졌다. 지금도 수많은 국제기구 수장들의 롤모델로 여겨지는 그의 깊은 고민이 『이정표』에 고스란히 담겨 있다. 이 책은 그가 왜 그토록 간절하게 세계 평화를 갈구했고, 목숨을 걸고 분쟁 현장을 누볐는지를 생생하게 보여준다.

— 안문석, 전북대학교 정치외교학과 교수

나는 이 책을 영역하며 위대하고 선하며 매력적인 한 인물을 직접 만나는 특권을 누렸다. 『이정표』는 단순한 문학 작품을 넘어, 역사적으로 매우 중요한 문서다. 지금까지 나는 한 전문적인 인물이 '실천의 길'(Via Activa)과 '관상의 길'(Via Contemplativa)을 하나의 삶 속에서 결합하려 한 기록을 다른 어디에서도 본 적이 없다.

— W. H. 오든

『이정표』는 영적 투쟁과 승리를 고귀하게 드러낸 자기고백이며, 세계 평화와 질서를 위한 막중한 책임을 짊어진 상태에서 쓰인 개인 신앙의 가장 위대한 증언일 것이다.

— 헨리 P. 반 듀센

그와 비교하면 나는 작은 인물에 불과하다. 그는 우리 세기의 가장 위대한 정치가였다.

— 존 F. 케네디

20세기 가장 주목할 만한 인물 중 한 사람인 함마르셸드의 영적·정치적 유산은 폭력과 혼란으로 얼룩진 오늘날의 국제사회에 여전히 깊은 울림을 준다.

— 로완 윌리엄스

내밀한 헌신의 빛나는 증언이 담긴 세기의 책.

— 뉴욕타임스

이정표

Vägmärken

Dag Hammarskjöld

이정표

다그 함마르셸드

손화수 옮김

복있는 사람

이정표

2025년 10월 24일 초판 1쇄 인쇄
2025년 10월 31일 초판 1쇄 발행

지은이 다그 함마르셸드
옮긴이 손화수
펴낸이 박종현

㈜복 있는 사람
주소 서울특별시 마포구 성미산로23길 26-6(연남동 246-21)
전화 02-723-7183(편집), 7734(영업·마케팅)
팩스 02-723-7184
이메일 hismessage@naver.com
등록 1998년 1월 19일 제1-2280호

ISBN 979-11-7083-302-4 03230

Vägmärken
by Dag Hammarskjöld

The cost of Signerande beslutsfattare: Conditions this translation was supported by a subsidy from the Swedish Arts Council, gratefully acknowledged.

스웨덴 라플란드 사렉 빙산을 오르는 다그 함마르셸드의 모습(1947).

△ 라플란드에서 하이킹하는 함마르셀드(1950).

▷ 뉴욕 유엔본부 앞에서(1953.6).

△ 뉴욕 자택 서재에서(1954.5).

▷ 예루살렘 이민자 마을 유치원에서(1956.5).

▷ 철학자 마르틴 부버의 예루살렘 자택에서(1959.1).

△ 유엔본부에서 열린 기자간담회에서(1961.6).

▽ 콩고 민주공화국에 대한 유엔의 평화유지 활동과 지원 방안을 논의하기 위해 레오폴드빌 공항에 도착한 함마르셸드(1961.9).

© UN Photo/Milton Grant

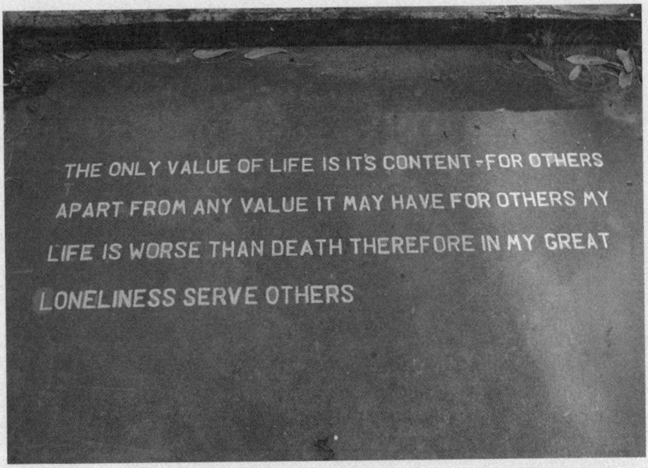

국제평화정원 내 평화예배당에 새겨진 다그 함마르셸드의 문장.
"삶은 오로지 그 내용을 통해서만 가치를 지닌다—타인을 위한다는 것.
타인에게 가치 없다고 여겨지는 삶이란 죽음보다 더 참담하다.
그러니 이 위대한 외로움 속에서 모든 이를 섬기라"
(『이정표』, 1958.7.29 일기 수록).

차례

다그 함마르셸드의 『이정표』
: 하나님과의 내면적 협상으로서 삶의 여정

다그 함마르셸드Dag Hammarskjöld, 1905-1961는 외교관이자 국제 정치가이면서 영적 순례자였습니다. 그는 냉전이라는 세계사의 가장 긴장된 국면 속에서 유엔 사무총장으로 평화를 추구했지만, 동시에 한 인간으로 하나님 앞에서 자신을 성찰하고 순종하려는 길을 걸었습니다. 그 내면의 기록이 사후에 발견된, 여러분이 지금 손에 들고 있는 『이정표*Vägmärken*』입니다. 함마르셸드는 이를 "나 자신과의, 그리고 신과 나 사이의 협상에 관한 일종의 '백서'"라고 불렀습니다.

"나 자신과의, 그리고 신과 나 사이의 협상에 관한 일종의 '백서'"라는 말은 『이정표』 전체를 관통하는 신학적 핵심을 요약

합니다. 함마르셸드는 신앙을 하나의 교리 체계가 아니라 십자가의 성 요한의 말을 빌려 "하나님과 영혼의 연합"으로 이해했습니다. 하나님 앞의 예배자로, (그가 자주 쓰는 표현을 따르면) 그분 안에, 그분 아래서 하나님과 살아 있는 대화를 나누며 살아가는 삶이 곧 신앙입니다. 이 대화는 하나님과 나 사이의 영적 교류이며, 하나님 앞에 정직하게 서서 나 자신을 대면하는 일입니다. 따라서 『이정표』는 단순한 일기나 묵상록이 아니라, 한 존재가 하나님 앞에서 자기 자신을 해명하며 방향을 찾아 걸어가는 철학적·신학적 실존의 기록이라 할 수 있습니다.

함마르셸드의 사유는 근본적으로 '자기'에 대한 질문에서 출발합니다. 그는 신비가적 전통을 따라 모든 복된 영은 우리 모두에게 공통된 자아 안에서 찾아야 한다고 말합니다. 여기서 자아는 폐쇄된 개인적 실체가 아니라, 하나님과 타인과의 깊은 영적 교류 속에서 열리는 존재입니다. 함마르셸드에게 하나님은 단순히 초월적 존재가 아니라, 인간의 가장 깊은 자기 안에서 발견되는 내적 중심입니다. 그는 "'하나님을 믿는다'라는 것은 곧 '자기 자신을 믿는다'는 뜻"이라고 고백했습니다.

이러한 사고는 데카르트적 자아 확신을 신학적으로 전도한 것입니다. 근대적 주체가 "나는 생각한다"에서 출발했다면, 함마르셸드는 "나는 하나님 안에 존재한다"에서 출발합니다. 존재는 자기로부터 자족적으로 시작되지 않으며, 근원 되신 하나님에게서 흘러나옵니다. 따라서 참된 자기확신은 자기신뢰가 아니라 '하나님과의 일치'에서 비롯됩니다. 이는 토마스 아 켐피스나 마이스터 에크하르트 같은 신학자들의 전통과도 맞닿아 있습니다. 함마르셸드는 완전한 자기부정과 자기비움을 통해 나의 존재를 충만케 하는 하나님 안에서 참된 자기를 발견합니다.

함마르셸드는 "우리 시대에 성화聖化에 이르는 길은 반드시 행동을 통해서만 가능하다"라고 말합니다. 그는 수도원 안에서가 아니라 세계 한복판에서, 유엔의 복잡한 정치현실 속에서 신앙을 실천했습니다. 그에게 '세계'는 곧 '수도원'이고, 그의 '직무'는 곧 '기도'였습니다. 함마르셸드는 자신이 수행하는 외교적 사명을 하나님의 뜻을 수행하는 일종의 희생제사로 이해합니다. 이처럼 신앙은 그에게서 사적 경건에 머물지 않고 공적 책임으로 확장됩니다. 자신이 참여하는 사건과 일은 하나님의 의도에 의해 자신 앞에 펼쳐지는 길이었습니다. 이 길을 따라 걸어갈 때 그는 모든 순간에서 의미와 평화를 발견하였습니다.

함마르셸드는 종종 자연의 이미지를 통해 하나님과의 일치를 묘사합니다. "현실과의 접촉은 사랑하는 이의 손길처럼 가볍고도 강렬하다. 그것은 자기소멸이 아닌 자기헌신 안에서 이루어지는 일체감이다. 햇빛과 바람은 이토록 가까우면서 동시에 얼마나 멀리 떨어져 있는가." 함마르셸드가 그리는 신비주의는 전통적 신비주의처럼 현실로부터 도피하는 신비주의가 아니라, 현실 안에서 경험되는 '빛과 바람의 현존'처럼 이해되었습니다. 이러한 체험은 그의 '행동 속의 관상'이라는 영성으로 이어집니다.

유엔 사무총장으로서 에크하르트 같은 세계의 갈등과 어둠을 마주하면서도, 그는 그 속에서도 하나님과의 접촉을 잃지 않았습니다. 그에게 현실은 하나님의 임재가 가장 깊이 감추어진 장소였습니다. 그의 영성은 고통과 투쟁 속에서 드러나는 하나님의 현존을 '고독한 믿음'으로 받아들이는 데 있습니다. 그는 하나님을 "우리 가운데 가장 깊은 외로움을 견디시는 당신"이라 부르기도 합니다. 이 고백은 루터의 십자가의 신학, 즉 고난 속에서 자신을 내어주시는 하나님의 사랑을 깊이 묵상한 신앙의 산물입니다. 이 점에서 함마르셸드는 중세 신비주의와 루터의 영성이 만나는 자리에서, 세속적 현실 속 신비의 가능성을 삶으로 드러냈다고 할 수 있습니다. 세속의 일과 신비적 관상을 삼위일체이신 하나님 안에서 결합하려 한 점에서 그의 신비주의는 오히려 삼위일체론적 신비 신학자 얀 반 뤼스브룩Jan van Ruusbroec, 1293-1381에 가깝다고 할 수 있습니다. 함마르셸드가 자주 읽었던 『그리스도를 본받아』의 저자 토마스 아 켐피스1380경-1471와 새로운 헌신(Devotio Moderna) 운동을 이끌었던 헤이르트 흐루트Geert Grote, 1340-1384가 얀 반 뤼스브룩의 영향을 받은 것은 우연이 아닙니다.

『이정표』 곳곳에서 반복되는 주제는 자유와 책임입니다. 함마르셸드는 "우리는 배신에 책임을 져야 하지만, 노력에 대해서는 어떤 영광도 누릴 수 없다. 인간의 자유란 하나님을 배반할 수 있는 자유다"라고 말합니다. 이 신앙 이해는 인간의 자유를 하나님의 은총 속에 위치시킵니다. 인간의 선행은 자율적 행위가 아니라 하나님이 우리 안에서 일하시는 은총의 역사이며, 인간의 책임은 그 은총을 거부하거나 왜곡할 수 있는 자유에 대한 응답입니다. 따라서 그의 신학은 행위의 자율을 강조하는 인본주의도, 운명을 강조하는 결정론도 아닙니다. 오히려 그것은 '응답적 존재론'이라 부를 만합니다. 인간은 하나님의 사랑에 자유로이 응답할 때 비로소 자기 자신이 됩니다. 우리의 자유는 하나님께 '예'라고 대답할 자유이며, 이 대답을 통해 하나님의 사랑이 세상 속에 실현된다고 함마르셸드는 보았습니다. 이 점에서 함마르셸드가 마르틴 부버를 가까이하며 그의 『나와 너』를 스웨덴어로 번역하기 시작했습니다.

『이정표』는 한 사람의 영적 자기훈련의 기록이지만 동시에 철학적 미학의 통찰도 담고 있습니다. 시詩와 행위는 모두 행위자의 인격의 발현으로 판단되어야 한다고 본다는 점에서 그의 미학이 드러납니다. 여기서 시는 단순한 예술 행위가 아니라, 존재 전체의 표현입니다. 그는 진정한 창조나 행위가 단지 기술적 완성도나 진정성에 있지 않고 사람됨의 품격에 달려 있다고 봅니다. 이것은 존재론적 윤리학의 선언입니다. 존재와 행위, 미와 선이 하나의 통일로 수렴됩니다. 이정표에 담긴 많은 시적 표현들,

그리고 일본의 하이쿠 방식을 본떠 쓴 많은 시는 이 통일과 온전함을 드러내고자 한 노력으로 읽을 수 있습니다. 함마르셸드에게 온전함은 외적 기준이 아니라, 하나님 앞에서의 내적 일치와 정직성에서 비롯됩니다. 시를 쓴다는 것, 결정을 내린다는 것, 봉사한다는 것— 이 모든 행위가 그에게는 '하나님 안에서 하나 된 자아'의 발현이며 이것이 다름 아닌 영성의 실천입니다.

『이정표』는 함마르셸드의 정치적 일기이자 동시에 영혼의 순례 기록입니다. 그가 남긴 짧은 구절들은 단순한 명상이 아니라, 세상 속에서 거룩을 실현하려는 '행동하는 신앙'의 흔적입니다. 그는 '세계의 성화'라는 주제를 자신의 소명으로 받아들였고, 그 속에서 신비와 실천, 묵상과 책임을 통합했습니다. 그가 '유엔 명상실'(Meditation Room)을 직접 설계하고 그 안내문까지 집필한 것도 같은 맥락입니다. 그에게 세계 정치의 심장은 하나님께 향한 침묵의 중심이 되어야 했습니다.

이와 같이 『이정표』는 세상 속에서 하나님을 찾는 현대적 신비가의 기록이며 신앙과 직무, 내면과 세계의 분리를 넘어서는 통합의 문서입니다. "우리 시대에 성화에 이르는 길은 반드시 행동을 통해서만 가능하다"라는 말은 오늘의 신앙인에게도 동일한 도전으로 남습니다. 교회 안의 경건을 넘어, 세상 속에서의 섬김과 희생으로 나아가라는 부름입니다.

함마르셸드의 『이정표』는 신학적 사변이 아니라 살아 있는 실존의 문서입니다. 그는 "하나님과의 협상"을 통해 자기 자신을 끊임없이 비추고, 세상 속에서 하나님의 뜻을 따라 걸어갔습니다. 그에게 신앙은 '이해'가 아니라 '참여'였고, 종교는 '피난처'가 아니라 '사명의 자리'였습니다. 이러한 함마르셸드의 삶에서 결정적인 순간은 1953년 초 그가 쓴 짧은 단편에 드러나 있습니다. "곧 밤이 다가온다. 지나간 것들에 감사하고, 다가올 것들에는 '예'라고 해야 한다!" 하나님께 "예"라는 답하는 순간, 그는 "내가 아닌, 내 안에 계시는 하나님"이 이끄시는 대로 따라 순종하며 살 각오를 할 수 있게 되었습니다.

"믿음 없이는 그 누구도 겸손할 수 없다. … 믿음 없이는 그 누구도 참된 자긍심을 가질 수 없다. … 겸손과 자긍심. 나는 하나님 안에서 아무것도 아닌 미약한 존재나 하나님은 내 안에 계신다는, 이 삶을 살아내는 것. 삶에 '예'라고 말하는 것은 스스로에게 '예'라고 말하는 것이다." 이 긍정은 1956년에 쓴 글에서는 아래와 같이 이어집니다. "당신 앞에, 아버지여. 의와 겸손으로 나아갑니다. 당신과 함께, 형제여. 충성과 용기로 동행합니다. 당신 안에서, 성령이시여. 고요함 속에 머뭅니다. 나는 당신의 것입니다. 당신의 뜻이 곧 나의 운명이기에. 봉헌되었습니다. 당신의 뜻대로 사용되고 소진되기 위해." 하나님의 부르심과 임재에 대한 긍정은 자신의 삶을 긍정하고 걸어가는 방향에 대한 긍정을 가져왔습니다. 삼위일체이신 하나님과 결합한 삶에서 가능한 신앙의 여정입니다.

우리는 이제 함마르셸드를 본회퍼와 시몬 베유와 같은 반열에 놓고 우리말로 읽을 수 있게 되었습니다. 이 책 뒷부분에 있는 '주'를 놓치지 말고 함께, 천천히 읽으면서 하나님 앞에서 치열하게 살아간 한 '세속 성자'의 삶의 기록을 묵상할 수 있기를 바랍니다.

강영안, 한동대학교 석좌교수

일러두기

○ 『이정표』 원고는 스웨덴어로 작성되었으며 영어·독일어·프랑스어·라틴어도 일부 포함하고 있다. 이러한 외국어 문구와 문장은 본문과 주에 병기했다. 원문의 이탤릭체 부분은 볼드체를 적용했으며, 한국어 번역문에 대응하지 않으면 부득이 생략했다.

◎ 이 책에는 '나', '너', '당신', '우리' 등 다양한 인칭대명사가 등장한다. '나'와 '너', '우리'는 대체로 '나'에 수렴하며 '당신'은 신(神)과 제삼자를 가리키나 반드시 그런 것은 아니다. 일기를 쓴 당사자인 함마르셸드는 아무런 말도 남기지 않았다.

○ 이 책에 인용된 성경구절은 개역개정을 따랐으며 그 출처를 주에 표기했다. 단, 시편의 경우 함마르셸드가 『영국성공회 기도서(*Book of Common Prayer*)』에 수록된 시편을 인용한 것으로 보이므로 『대한성공회 기도서』(2004) 번역문을 따르되, '하느님'은 '하나님'으로 고치고 원문과 개역개정본은 주에 첨부했다. 판본에 따라 수록 절이 다른 경우는 모두 병기했다.

◎ '주'는 원주, 그리고 번역자와 편집자가 함께 작성한 주의 두 가지로 구성된다. 원주에는 별도의 표시를 붙였고, 저자와 출처 정보를 추가한 경우는 (+) 기호를 썼다.

○ 스웨덴어 등은 현행 외래어표기법을 따르되 관용적으로 쓰는 말은 예외로 두었다.

1961년 9월, 다그 함마르셸드가 사망한 후 '이정표'라는 제목의 원고가 뉴욕에 있는 자택에서 발견되었다. 원고에는 날짜 없는 서신이 들어 있었는데, 당시 내무부 장관인 레이프 벨프라게에게 보내는 것이었다. 내용은 이러하다.

친애하는 레이프,

언젠가 내가 쓴 일기를 당신에게 보여주리라 했던 말을 아직 기억하는지요. 여기 그 일기가 있습니다.

처음에는 누가 보겠는가 하는 생각으로 글을 써 내려갔습니다. 그러나 그 이후의 내 운명, 나에 대한 모든 말과 글로 인해 상황은 바뀌었습니다. 이 메모들은 스스로 표현할 수 있는 유일하고도 진실한 '나의 모습 profile'을 그려낸 단 하나의 기록입니다. 그래서일까요. 다른 사람이 아니라 나 자신을 위해 글을 써 왔는데도, 요즘 들어 이 글을 활자화해야겠다는 생각을 갖게 되었습니다.

이 글을 보고서 출간 가치가 있다고 여긴다면 기꺼이 그렇게 해주세요. 이 글은 나 자신과의, 그리고 신과 나 사이의 협상에 관한 일종의 '백서'이기 때문입니다.

다그로부터

다그 함마르셸드가 남긴 원고는 타자기로 작성한 문서를 모은 것으로 낱장씩 바인더에 끼워져 있었다. 함마르셸드는 일기를 하나하나 타이핑해서 모아두었던 것 같다. 그렇다고 해서 이 원고가 그의 마지막 일기라거나, 또는 그에게 일기를 계속 쓸 생각이 없었음을 보여주는 근거는 그 어디에도 없다.

'이정표' 원고는 이 한 권의 책으로 출간되었다.◦ 바뀌거나 생략된 문장도 없다. 이 책의 모든 제목과 날짜는 다그 함마르셸드의 것이다. 메모들도 그가 정리해 둔 순서 그대로다.

책의 끝부분에는 그의 일기에 인용된 텍스트의 출처와 스웨덴어 번역문 등을 수록했다.◎

오직 지울 수 있는 손만이 참된 글을 쓸 수 있다.°

1925-1930

그렇게 되었다

나는 계속 떠밀려
낯선 땅에 발을 디뎠다
땅은 점점 더 단단해지고
공기는 살을 에듯 차가워졌다
몰아치는 바람에
낯선 목적지에서
현絃들이 떨고 있다
기다림의 침묵 속에서.

여전히 묻는다
내가 거기 있어야 하는가
삶이 사라지는 그 자리—
고요 속에서 울리는
또렷하고 단순한 하나의 음.

미소 지으며, 열린 채로, 꺾이지 않는—
절제된 육체, 자유로운 존재
할 수 있는 일을 해냈고
있는 그대로 살았던 한 남자—
언제나 전부를 하나로 모을 준비가 되어 있었다
단순한 제물로 바치기 위해.

내일, 우리는 마주할 것이다
죽음과 나—
그는 깨어 있는 자의 가슴에 칼을 찔러넣을 것이다.

그 모든 순간의 기억은 얼마나 쓰라리게 남아 있는가
헛되이 보낸 그 시간은.

아름다움은 스쳐 지나며 심장의 현絃을 떨리게 하는 음표였다. 그것은 햇살을 머금은 피부 아래 반짝이는 핏줄이었다.

아름다움은 여행자의 땀을 식히는 한 줄기 바람이었다. 가난한 자들이 부富를 찾아 몸부림치는 어두운 갱도 속 숨 막힐 듯한 열기는 아니었다.

발을 내디딜 때마다 어디에 있는지 알려고 하지 말라. 멀리 보는 사람만이 올바른 길을 찾는 법.

양보와 포기를 통해 생기는 이익은 절대 받아들이지 말라. 삶은 정복자에게만 무릎을 꿇는다. 훔친 것으로 살아간다면 근육이 쇠약해질 것이다.

정상에 도달하기 전에는 절대 산의 높이를 측정하지 말라. 그러면 산이 얼마나 낮은지 알아버릴 테니까.

가끔은 '저들보다 더 낫다'라고 생각해도 좋다. 적어도 나는 그렇게 한다. 하지만 대개는 '내가 왜 저들보다 나아야 하는가'라고 생각해야 할 것이다. 우리는 우리가 될 수 있는 존재이거나 그럴 수 없는 존재니까. 여느 사람처럼.

감히 도전할 일 — 바로 너 자신이 되는 일. 네가 얻을 수 있는 것 — 삶의 위대함이 너의 순수성을 따라 네 안에 드러나는 일.

침묵은 사람들의 행동과 상호작용을 둘러싼 공간이다. 우정은 아무런 말이 필요 없다. 오직 외로움만이 외로움을 두려워하는 불안감에서 우리를 해방한다.

목표를 이루는 과정에서 내면 깊은 곳의 슬픔을 거치지 않는다면, 훗날 목표를 성취해도 자신의 연약함에 시름겨울 것이다.

삶이 요구하는 것은 자신의 힘과 의지에 따라 달라진다. 네가 궁극적으로 할 수 있는 일이란—도망치지 않는 것이다.

물론 너는 검을 들고 자신을 지키기 위해 싸웠다. 하지만 어제의 그 외로움 속에서 네가 가지고 논 것은 치명적인 독이 아니었던가?

우리는 자신 안에 적을 품고 있다. 어제의 자화자찬은 오늘 고개를 드는 죄책감의 명백한 뿌리다.

그는 자기연민 없이 패배를 견뎌냈고, 자화자찬 없이 성공을 받아들였다. 그가 최선을 다했다면 그 결과에 대해 타인이 어떻게 판단하든 개의치 않을 것이다.

바리새인? 우리 주님은 스스로 의롭다고 여기지 않으셨다.°

중년기

그는 꼿꼿이 서 있었다. 바람을 가르는 채찍질에 흔들림 없이 돌고 도는 팽이처럼. 그는 겸손했다. 선민의식이 강했기에 그럴 수 있었다. 그는 잘난 척하지 않았다. 오직 근심에서 벗어나기만을 바랐다. 하지만 타인의 패배를 자신의 승리보다 더 좋아했다. 그는 용기 내어 위험을 무릅쓰기보다는 오히려 아무 일도 하지 않음으로써 다른 이의 목숨을 구할 수 있었다. 그러면서도 사람들이 자기를 알아주지 않는다고 불평했다!

'불운의 군대'는 왜 항상 '타인'이어야만 하는가?

단지 신을 믿는다고 해서 인간이라는 동물의 기도가 당연히 받아들여진다고 생각해서는 안 된다.

소음이 그칠 때 너를 둘러싸는 정적과 공허함은, 타인에게 무시당하지 않으려고 온종일을 바친 데 대한 정당한 보상이 아닐까?

삶을 가치 있게 만드는 것은 손에 넣을 수도, 잃을 수도 있다.

하지만 절대 그것을 소유하려 들지 말라. 이것은 무엇보다도 중요한 '삶의 진실'이다.

결코 타인의 말을 들으려 하지 않는데 어떻게 듣는 능력을 유지할 수 있을까. 어쩌면 우리는 하나님이 늘 우리와 함께하신다고 생각할지 모른다. 우리가 하나님을 위해 시간을 들이지 않는 것만큼이나 당연히 말이다.

악마는 집이 비어 있을 때 초대도 없이 찾아온다. 그러나 다른 손님들에게는 네가 공손히 문을 열어주어야 한다.[○]

"내 방식대로"[◎]라는 생각으로 살아가면 삶을 편하게 누릴 수 있을지언정 그 대가로 외로움을 견뎌내야 한다.

명예와 권력과 이익을 위한 싸움이 난무하는 습하고 복잡한 정글에서 빠져나갈 길은 단 하나뿐이다. 스스로 만든 장애물에서 빠져나가는 것, 죽음을 받아들이는 것.

내면의 소리에 귀를 기울일수록, 주변 소리를 더 잘 들을 수 있다. 그리고 그 소리를 들을 수 있는 자만이 입을 열 수 있다. 그렇다면 이것은 두 가지 소망, 곧 삶을 명확히 고찰하려는 소망과 삶을 순수하게 형상화하려는 소망을 동시에 이룰 어느 한 지점에 이르는 길이 아닐까?

열린 마음으로 살면 타인의 삶에 대한 기민한 통찰력도 얻을 수 있다. 그때 요구되는 것은 이것이다. 감정의 자극에서 출발하여 문제를 명확히 파악해 지적 형상으로 끌어내고— 그에 따라 행동하는 것.

누군가가 온 영혼을 바쳤음에도 그 결과가 아무짝에도 쓸모없을 정도로 절망적이라면, 그리고 그 자신은 이를 즉시 깨닫지 못하는 걸 곁에서 지켜보노라면 안타깝기 그지없다. 그러나 이 또한 정도의 차이가 아닐까? 우린 어차피 한 평생 자기기만으로 가득한 이 세상에서, 누구나 할 것 없이 정직한 노력과 허무한 결과 사이의 영원한 불균형 속에 고군분투하며 살아가지 않던가? 다만 우리가 저마다 자신을 진지하게 여기는 건 **그리** 터무니없는 일만은 아니다.

그는 정원의 경계선을 정하고서 별생각 없이 자연스레 가꾸어 간다. 그 경계선 밖에 존재하는 모든 것에는 무지하지만, 그는 자신의 정원을 잘 관리한다는 감각에 자못 교만하기까지 하다. 그런데 이것이 자기를 기만할 수 없어 담장 밖의 부당함에 맞서 싸우기로 한 이들을 경멸하는 것보다 더 잘못된 일일까?

"그럴지라도 사랑이 없으면."○ 타인을 위해 책임과 의무를 다하는 것이 우리 내면에 자리한 의지의 표현이 아니라면, 우리는 왜 타인을 해하면서까지 스스로에 고통을 안기는가?

너는 칭찬을 싫어하지만, 네 가치를 인정하지 않는 사람들에게는 화를 낸다.

좁은 길— 제 영혼을 구하려고 타인을 위한 삶을 사는 것.
넓은 길— 제 자존심을 지키려고 타인을 위한 삶을 사는 것.

때때로 불행은 불행을 겪는 사람의 결점으로 간주되곤 한다. 이때 그 당사자가 자신의 운명에 대해 침묵하지 않는다면 결점은 범죄로 발전할 수도 있다!

내면의 동물성을 가지고 장난을 치다 보면 우리는 동물이 되어버린다. 거짓말로 장난을 치다 보면 우리는 진실에 대한 권리를 잃어버린다. 잔인함을 가지고 놀다 보면 우리의 부드러운 마음은 사라진다. 정원을 보기 좋게 유지하려는 사람이 잡초 자리를 비워두는 일은 없다.

네가 타인에 대해 나쁜 말을 이어가지 않는 것은 의지가 부족해서가 아니다. 남의 뒷말을 할 때 적절한 양과 수위를 유지해야만 자신에게도 여유가 생긴단 사실을 알기 때문이다.

너는 스스로의 신이다. 그럼에도 늑대 무리가 차디찬 겨울, 어두컴컴한 황무지에서 네 뒤를 쫓는다는 사실에 놀란다.

"아버지의 이름이 거룩히 여김을 받으시오며."[○] 어둠 속 한 줄기 빛으로 모여들어야 할 너의 힘은 아무것도 태우지 않고 그저 모든 생명을 질식시키는 수렁의 불길 속으로 흘러간다.

정적에 휩싸인 채 두려움에 떨며 서 있다. 너는 불안으로부터 도망치고 책임에서 벗어나기 위해 일을 하며, 이타주의는 불필요하고 자기기만적 마조히즘이 되어버렸음을 깨닫는다. 초원을 누비는 늑대의 사악하고 잔인한 심장 고동 소리가 들린다 해도— 소란과 번잡함으로 되돌아가고자 귀를 막지 말라. 그리고 심연에 자리한 본질에 이를 때까지 그 이미지를 간직하라.

신神은 삶의 책장에 꽂힌 편리한 문구— 늘 손을 뻗으면 닿을 듯 가까이 있지만 좀처럼 사용되는 법이 없다. 출생의 순수한 평온 속에서 그는 기쁨이자 신선한 바람— 하지만 우리는 그 친밀한 기억을 영원히 간직할 수 없다. 그러나 우리가 자신을 마주할 때— 그는 우리의 머리 위에서 두려운 현실로 떠오른다. 이 현실은 모든 논의와 '느낌'의 범위 밖에 있는 것으로, 그 어떤 보호성 망각보다 더 강력하다.

통찰력에 이르는 길은 믿음에서 시작되지 않는다. 우리는 내면의 빛을 쫓는 과정에서 얻는 통찰력을 통해 믿음이 무엇인지 깨닫게 된다. 얼마나 많은 사람이 진실을 가장한 믿음과 헛된 말 때문에 어둠 속으로 내몰렸던가.

우리는 내면의 창조적 의지를 통해 타인에게서 동질성을 감지하고 자신의 보편성을 경험한다. 그리고 이를 통해 내면에서 불타오르는 지식의 힘으로 향하는 길을 연다.

새로운 해안을 향하여—?

너는 매 순간 선택을 한다. 하지만 그 선택이— 진실로 네 것이라 할 수 있을까? 우리의 몸과 영혼은 수천 가지 가능성을 지니며, 너는 이 가능성을 바탕으로 여러 개의 자아를 만들어 낼 수 있다. 그런데 이 중에서 선택하는 사람과 선택받는 사람 사이에 일체성을 부여하는 것은 하나뿐이다. 단 하나— 바로 호기심과 놀라움과 욕망이 이끄는 모든 기회를 **거부**하는 것. 삶의 높은 신비를 경험하고 '나'라는 존재를 인식하는 데서 우리의 호기심과 놀라움과 욕망은 너무나 얕고 덧없다.

축축이 젖어 거뭇한 양모. 경계하는 회피의 눈빛. 지친 입술. 늦은 시간—

기계적인 무관심 속에 일은 계속된다. 여전히 수많은 사람이 묘비처럼 윤이 나는 대리석 카운터 앞에 줄지어 선 채 대답을 기다린다.

하얀 램프에서는 무성無性의 빛이 쏟아지고, 유리창과 바닥은 그 빛을 반사한다. 밖에는 어둠이 서 있다. 문이 닫히는 순간— 거칠고 축축한 공기가 화학물질 가득한 건조한 공기 속으로 스며든다.

"삶이여, 포용력 넘치고 풍요로우며 따스한 축복의 말이여!"○

높다란 책상에 놓인 저울 뒤에서, 그가 고개를 들었다. 현명하고 친절하나 몰두한 나머지 어딘가 부재한 듯한 모습. 회색 피부의 깊은 주름은 사방의 벽 안에서 보냈던 오랜 삶과 경험의 부드러운 아이러니를 증명한다.

여기 바로 지금— 진실은 오직 이것뿐

한 노인의 선한 얼굴,

벌거벗은 무방비의 순간

과거도 미래도 없는.

그 무엇도 나아지지 않으리란 것을, 그녀는 알았다. 달라지는 건 아무것도 없다고. 그는 더 이상 아무것도 하지 않았다. 일에 대한 흥미도 잃어버렸다. 그들이 숨 쉴 틈도 주려 하지 않는다고, 그는 말했다. 이제 그녀는 여기 앉아 그에게 여유를 좀 달라고 그들에게 애원한다. 지금 그가 부당하게 얽매였으며 그에게 조금의 자유만 주어진다면 다시 진정한 남자가 될 것이라고 믿었기에. 그녀는 믿고 싶었고, 그를 향한 믿음을 지키고 싶었다. 이미 답을 알았으나 그럼에도 그 답을 듣기 위해 애써야만 했다. 현대 사회의 경제적 미로에서 그는 이미 그 누구보다도 자유로웠고, 외부의 변화는 그에게 새로운 실망만 안겨줄 뿐임을. 이런 상황은 반복될 것이며, 그는 모든 것이 이전과 다름없음을 깨닫게 되리라는 것을.

그렇다— 그리고 그녀는 더 많은 것을 알았다. 다른 길은 없다는 것. 자유를 말하는 그의 마음속에는 죽음을 극복하고자 하는 어린아이의 열망과, 그가 죽은 뒤에도 결과가 나오지 않을 모든 일에 대한 무관심이 있었기에. 그럼에도 그녀는 여기 앉아 애원했다.

무슨 일이 있었는지 우리가 확실히 깨닫기도 전에, 그는 이미 훌쩍 멀어진 채였다. 할 수 있는 것은 전혀 없었다. 그를 해안에서 점점 더 멀리 떼어놓는 해저의 세찬 역류와, 다시 뭍에 닿으려고 헛되이 애쓰는 그의 모습을 지켜볼 뿐.

오직 본능에 의지하여 그는 살아남고자 발버둥 쳤다. 그는 의식적으로 자기 자신을 현실과 분리했다. 그러다 제 처지를 깨닫고는 우리를 포함한 남들의 사정은 훨씬 나쁘다고 혼잣말하며 스스로 위로했다. 그럼에도 우리는 이 모든 상황을 동요 없이 받아들였다! 그는 콸콸대며 소용돌이치는 물살에 휩쓸려 가면서도 그런 생각에 매달릴 것이 분명했다.

늘 그랬다. 존경과 애정에 어린아이처럼 의존하고, 전혀 무관심한 타인과 적에게서조차 비판 없는 우정을 기대했다. 그에게는 그것이 기본으로 생각됐기 때문이다. 하지만 때로는 타인의 이익을 위해 본능적으로 행동하기도 했다. 동시에 그는 현실과의 충돌을 두려워했다. 이 두려움이 그의 환상을 갈기갈기 찢어놓을 때도 있었다. 더욱이 그는 어쩌면 존재하지 않을지도 모를 우정을 위해, 성찰 없이 무언가를 시도하기도 했다. 그의 말에 누군가 반박해 오면 선의로 자신의 말을 부인했다. 그러한 자기부정이 세상에 드러나고 사람들의 입에 오르내리면, 비평가들의 균형 감각이 부족한 탓에 상황이 이리되었다고 해석했다. 시간이 갈수록 그가 정신이상이라는 단어를 입에 올리는 일이 잦아졌다.

그가 다시는 제자리를 찾을 수 없을 정도로 너무 멀리 가버렸음을 알아차렸을 때, 우리는 무엇을 느꼈던가?

서늘한 가을날, 세상의 흐름에 몸을 맡긴 채 거리에서 시간을 보내는 것 말고 달리 무엇을 할 수 있을까?

천천히, 생명 없는 존재의 무게감으로, 합류점의 침체와 무기력하고 느릿느릿한 소용돌이로. 천천히— 그리고 잿빛으로. 11월의 어느 날, 나직이 깔린 차가운 구름 뒤로 햇빛이 사라질 즈음에도 황혼은 여전히 아무것도 아우를 줄 모른다.

천천히 그리고 잿빛으로— 그는 모든 얼굴을 찬찬히 살핀다. 그러나 아무런 목표도 없이 거리의 회색 도랑으로 몰려드는 사람들은 하나같이 그와 똑같다. 방사능이 사라진 원자, 무無를 둘러싼 영원한 사슬에 묶인 원자.

“빛 속으로 사라져 노래가 되도록.”[○] 세상이 시작되기 전부터 이름을 가지고 있던 존재, 사회적 야망과 존재의 발판을 이루려는 의지하에 의식 속에서 형성된 존재를 놓아주는 일. 부여잡은 손을 놓고 맹목적인 헌신과 신뢰에 몸을 맡긴 채 떨어지고, 떨어지는 일. 다른 누군가에게로, 또 다른 누군가에게로—

용기를 내어 위험을 감수하기—

그는 모든 얼굴을 찬찬히 살펴본다. 하지만 흐릿한 빛 속에서 그의 눈에 비치는 건 자신의 인색함에 대한 끝없는 변형뿐. 단테°는 그들이 받아야 할 처벌을 이렇게 상상했을 것이다. 모든 것을 내려놓은 궁극의 죽음 속에서 각자 외롭게 걷는 사람들. 그들은 그 길을 지나온 이들을 절대 찾을 수 없을 것이다.

은방울꽃이 피기에는 꽤 이른 시기였다. 하지만 5월의 하늘은 평야 위에 높다랗게 펼쳐져 있었다. 종달새 지저귀는 소리와 하늘빛은 가슴이 탁 트일 듯한 산뜻한 황홀함 속에 하나가 되었다. 흙빛 강물은 눈석임물의 냉기를 머금고서 흘러갔다.

개울 바닥의 거뭇거뭇한 땅이 몸을 뒤튼다. 얼굴이 보였던가. 짧은 신음. 수면 아래로 다시 얼굴을 밀어 넣는 움직임—

태양 아래에는 한 점 구름도 없다. 종달새의 노랫소리도 멈추지 않았다. 물이 갑자기 지저분해지고 차가워졌다. 어딘가에서 사투를 벌이는 육중한 몸뚱이에 의해 바닥으로 끌려 내려가는 듯한 느낌에 치가 떨릴 정도로 혐오감이 들었다. 이 혐오감은 위험 앞에서 밀려드는 두려움보다 더 강하게 내 몸을 마비시킨다. 겁쟁이? 어찌 되었든 그 말은 해야 한다.

산책로 끝에서 그녀는 멈추지 않고 곧장 진흙탕으로 걸어 들어갔다. 꽤 깊은 데까지 이르자 그녀는 물살에 휩쓸려 갔다. 하지만 가라앉지는 않았다. 물이 그녀를 거부했던 것이다. 그녀는 입을 벌린 채 물속으로 머리를 집어넣었다. 그러기를 계속하다 보니 어느새 지치기 시작했다. 이제는 다시 빗나가면 안 된다. 그녀가 죽음에 거의 가 닿았을 때, 해안에서 외치는 소리가 귓가에 들려왔다. 혹시 그들이—

심폐소생술을 하는 동안 그녀의 상반신이 드러났다. 벌거벗은 인간성을 넘어 죽음의 손길조차 닿을 수 없는 고독에 싸여, 그녀는 강기슭에 누워 있었다. 탱탱하고 창백한 그녀의 가슴이 하얀빛 속에서 솟아올랐다. 부드럽고 가녀린 풀잎 위에 금빛 대리석으로 만든 영웅적인 흉상—

총성이 울리자, 그는 단풍나무 아래 자갈 위로 비스듬히 쓰러졌다.

7월 하순, 여전히 비를 뿌리는 어둠에 머물던 그날의 공기에는 잎새의 짙은 그림자가 드리워져 있었다. 그의 옆머리는 섬세하지만 채 완성되지 않은 조각상을 연상시켰다. 회색 모래 위에 누운 창백한 그의 관자놀이에는 작은 상처가 나 있었다. 그 죽음의 빛 속에서 색을 지닌 것은 그의 코에서 천천히 흘러내리는 검붉은 피뿐.

왜—? 점점 커지는 피의 웅덩이를 내려다보며 던진 질문은 땅에 닿지 않는다. 이제는 그 어떤 말도 당신에게 전할 수 없다. 영원한 '저 세상'— 총알이 관자놀이를 맞추기 훨씬 전부터 죽음이 택한 자들과 우리를 갈라놓는 존재.

9월 말쯤이었다. 아니, 어쩌면 내가 기억하는 상황이 그 본질에 맞는 환경을 조성했을지도.

'우리 형제들은 집에서 너무나 행복했습니다. 모두가 함께했던 크리스마스가 기억나요. 그때만 하더라도 삶이 이토록 망가지리라곤 아무도 생각지 않았습니다.'

그로부터 30년 후, 그녀의 딸은 자신의 어린 시절과 삶에 대해 같은 비문을 썼다. 나는 그 말과 그 고요한 목소리를 아직도 기억한다.

계곡으로 내려가는 마지막 커브 길에서 그는 통제력을 잃었다. 차가 도로를 벗어났을 때 그의 머릿속에는 단 하나의 생각뿐이었다. 이제 내가 할 일은 다 했어—

그가 떠올린 유일하고, 피로하면서도 행복한 생각.

그렇게 되진 않았다. 삶은 이어질 것이었다. 하지만 그날의 여행은 달랐다. 세상이 다시 그의 주위에서 모양새를 갖추어 나가자, 그는 흘러내리는 눈물을 참기 어려웠다. 휴가 계획이 무너졌다는 데서 비롯한 자기연민과 실망감 때문에.

이 두 가지 반응은 모두 진실한 것이었다. 우리는 삶을 등질 준비가 되어 있다 하더라도 삶이 우리의 욕망을 채워주지 않으면 여전히 아이처럼 불평한다.

그를 견디기란 쉽지 않았다. 그가 맡은 일을 해내지 않았던 것은 아니다. 오히려 반대로 그는 자기 일에 한없이 전력을 다했다. 하지만 그가 일하는 방식은 모든 사람과 갈등을 일으켰고, 회사 전체에 피해를 주기 시작했다.

결국 위기가 닥치고 전모가 드러나려 하자 그는 우리에게 책임을 떠밀며 비난했다. 자신이 비난받을 이유는 전혀 없다고 생각했기 때문이다. 그러나 그의 자존심은 내 잘못은 없다는 생각만큼 강해서, 그의 방어에는 모순이 있을 수밖에 없었다. 급기야 그의 면전에서 잘못을 하나하나 짚어가며 밝히는 일은 혐오스러울 정도로 불쾌했다. 하지만 다른 이들을 위한 정의라는 면에서는 필수 불가결의 일이었다.

그의 마지막 말조차 거짓임이 밝혀졌을 때 우리는 더 할 말이 없다고 느꼈고, 그는 울음을 터뜨렸다.

그런데 당신들은 어째서 나를 한 번도 도와주지 않았습니까? 왜 내 잘못을 바로잡아 주지 않았지요? 당신들이 나를 일부러 궁지에 몰아넣었다고 의심할 수밖에요. 두려움과 불안감은 지금 당신들이 비난을 퍼붓는 그 일로 나를 더욱 깊게 몰아넣었습니다. 정말이지 벅찼습니다. 모든 일이 힘들었어요. 그렇지만 행복했던 날도 없지는 않았습니다. 여러분 중 한 분이 내 아이디어를 정말 좋다고 칭찬했던 바로 그날 말이에요.

결국 잘못은 우리 몫이 되었다. 우리를 향한 비판에도 우리는 침묵을 지켰다. 그래서 그를 인정하는 단 한마디의 말조차 할 수 없었다. 그렇게 치유의 길은 전부 막혀 버렸다.

잘못은 항상 더 강한 쪽에 있다. 우리에게는 인내심이 부족하다. 삶에서 행한 실험의 결과가 실패로 드러나는 즉시, 우리는 본능적으로 책임 범위 내에 있던 한 사람을 탈락시키려고 한다. 하지만 삶은 인간의 가치 한계를 넘어서 실험을 계속한다. 때로 삶이 죽음보다 훨씬 더 어렵게 여겨지는 것은 그 때문이다.

그것은 안개 속에서, 축축하고 거뭇거뭇한 돌벽 위에 홀로 선 채 물살에 맞선다. 퉁퉁하고 묵직한 엉덩이, 몸뚱이의 곡선과 파충류 같은 구부정한 목 근육을 덮은 솜털. 뻔뻔하고 파렴치한 누런 눈동자에 비치는 것은 노골적인 탐욕성뿐. 억세 보이는 노란 부리는 먹이를 위한 것이지만, 맹금류의 효과적이고 잔혹한 우아함은 찾아볼 수 없다.

나는 수면을 떠돌며 썩은 음식물 쓰레기를 두고 싸우는 모습을 보았다. 주말을 지내고선 부두 뒤쪽 물 위에 떠다니는 콘돔을 이리저리 살피던 그들을 보았다. 어느 가을날 진흙밭의 이랑 위에 내려앉은 그들이 거센 바람에 심하게 흔들렸던 것을, 나는 기억한다. 그들은 축축이 젖어 기름지고 미끄러워 보이는 넓은 밭의 열린 상처 속에서 주섬주섬 벌레들을 쪼아먹고 있었다.

참으로 멀리 있는

갈매기들의 울음소리는 밤의 마지막 정적, 그 부드럽고 얇은 막을 찢어발긴다— 그들의 울음소리는 소금기와 깨어나는 바람, 빠르게 움직이는 흰 파도와 한데 뒤섞여 있다.

나머지는 어렵지 않다— 마치 자유로운 동물처럼. 감각들은 잠 속에서 새롭게 다가올 날을 향해 뻗어간다—

그것들은 내가 아주 가까이 다가가야 느릿느릿 날개를 퍼덕이며 겨우 몇 미터 옆으로 움직인다. 인간들 사이에 터를 잡은, 잘 먹어 통통한 맹금류.

정적— 오랜 괴로움이 눈물에 쪼개져 모습을 드러낸 듯한 황무지. 고운 빛 속에 촉촉이 반짝이는 광활한 호수—

부드러운 얼음벽과 저무는 겨울 햇살이 발산한 보랏빛 일렁이는 나직한 방에, 나는 둘러싸여 있다.

호수에 반사된 세상은 주석 빛과 대조되는 옅은 올리브색. 그 세상에서는 느릅나무의 벌거벗은 가지가, 숨은 파도가 자아내는 느린 바람에 천천히 흔들린다.

그다음에는

부드러운 어둠, 따뜻한 빛의 자궁 속에서 외로운 불꽃이 타오른다. 거울 안, 깊고 어두운 우물 위에는 히아신스의 하얀 그림자가 드리워져 있다. 속삭이는 책의 숲속에는 반짝이는 목소리가 있다.

지금은 우리가 나설 일이 아니다. 어쩌면 이후로도 절대 해서는 안 될 일일지 모른다.

고요함을 가르는 전화 소리는 우리가 늘 피해 다니지만 끝내 기피해서는 안 될 대화를 상기시킨다. 고요함 속에는 공유된 짐에 대한 양심의 평화를 약속하는 기억의 속삭임이 있다.

모든 사람은 휴식을 취할 수 있다. 하지만 평화로운 휴식은 모든 일이 끝나기 전에는 찾아오지 않는다.

자신을 위해 편안함을 추구한다면—

그 대가로 스쳐 지나가는 만족감과 그 뒤를 따르는 길고 피곤하고 수치스러운 공허감을 견뎌내야 한다.

자리를 지키기 위해 싸운다면—

일에 요구되는 배경을 늘 남들에게 설명하고 방어하는 자신의 모습에 쉽게 자기혐오를 느낄 수밖에 없다.

일에 전념한다면—

때때로 업무의 가치를 확신하지 못해 남들의 인정을 기다린다. 지금 당장은 책잡히지 않고 감사한 길을 느긋이 걸을지 몰라도, 이 길은 비난을 수용하는 길과는 아득히 떨어져 있다.

감당할 만한 부담을 요구했지만— 막상 그러자 너는 눈물을 흘렸다. 생각했던 부담과는 달랐던가? 너는 희생자의 익명성을 믿었는가? 희생의 행위는 그 반대편의 시점에서 판단해야 한다.

오, 가이사랴 빌립보여.° 일의 결과와 전제조건과 마찬가지로 비난도 기꺼이 수용하라. 일이 이해되고 선택되었을 때의 비난도 함께 받아들이라.

곧 밤이 다가온다—°

"—그리고 현재의 이 모든 행복은 내가 있는 곳에 너희도 있으리라는 약속◎에 비하면 아무것도 아니다."

소멸의 불길에
남김없이 지워지는
싸늘한 희생의 행위 속에서
너는 죽음을 맞이한다.
하지만 그것이 네 안에서 서서히 자라나자
날마다
고통스러워하고
네 삶 위로 스멀스멀 다가오는 침묵의 심판 아래
잎새는 무지한 자들의 낙원the fool's paradise에 떨어진다.

선택된 것과의 조화 속에 선택한 자는 행복을 누리고
자기장 속에서 쇳가루는 잠잠해진다—
의식의 모든 것이 명백해질 때 드리우는
평안한 조화—
이 행복은 지금 여기

영원한 우주의 순간 속에 있다.

지금 네가 느끼는 행복은— 네 것이 아니다.

외로움의 고통은 죽음을 향한 불안이 몰아치는 폭풍의 중심에서 불어오는 바람결을 실어 나른다. 오직 타인의 것만이 — 설령 그것이 받아들임을 통해서였다고 해도— 한때 네 삶이었을지도 모르는 그 무無에서 벗어날 수 있다.

한결같이 사근사근한 태도라는 기뢰 방어기를 앞세워, 그는 운항법이 좀 미숙해도 지뢰밭 정도는 피할 수 있노라 자신했다.

집개는 순한 양으로 변장하고서 늑대와 함께 사냥에 나섰다.

무관심, 무지, 청중에 대한 배려(그것이 네 안에 비친 너 자신의 거울상일지라도)— 나는 바로 이러한 이유로 네가 책임을 지고 위험을 감수하는 것을 보았다.

깨진 달걀은 물에 잘 뜨고 바람에 잘 날린다— 배아도 없고 성장을 위한 영양분도 없는 껍질일 뿐이기 때문이다. "사교가로군! A good mixer!"

조건을 걸지도, 재지도 않고서 남을 만족시키려는 일— 형식과 무게감이라곤 전혀 없는 말. 빈 껍질—

사막을 보금자리로 삼고 별을 형제라고 불렀던 이들 중 하나. 외로움. 하지만 외로움도 얼마든지 친구가 될 수 있다.

수액과 강물처럼 요동치는 피, 땅의 리듬에 따라 춤추는 몸— 반면에 열린 마음에서 산소를 얻지 못해 '계획과 음모'에 사용되며, 사방이 꽉 막힌 공간 안에서만 의미를 지니는 단절된 마음. 내면의 힘이 고갈되어 어디에도 쓸 수 없는 길들어진 동물.

뉘앙스는 사라지고, 남은 것이라곤 공동체로서 일치감이 부족하다는 걸 숨길 수 없는 대화뿐. 우리는 서로에게서 멀어지고 있다. 왜 그런가? 왜—?

우리는 서로를 향해 손을 뻗는다. 헛되이도! 우리가 절대로 자신을 내어주려 하지 않기에.

건강의 조건이 되는 태도— 나태함 속에 몸을 피하려고 숨어드는 딱딱한 껍질과는 뭔가 다른 것, 아니, 완전히 다른 것.

미미한 소망 하나. 우리의 존재와 행위가 음식을 소화하는 데 아무런 쓸모없는 멋진 정장보다는 좀 더 큰 의미를 지니길 바란다. 우리가 노력이라고 부르는 것의 대부분은 축제 때 벗은 몸을 가리고자 걸치는 옷가지에 불과하다.

너는 일찍 철이 든 사람들에게는 선뜻 마음을 열기가 어렵다고 생각한다. 여하간 그렇다 하더라도, 왜 늦은 청춘의 긴 봄은 저울에 올리지 않는가?

그의 영적 연소물로 가득한 대기 안에서 호흡하고서, 우리는 유황 공장에서 분출하는 유독한 증기에서 살아남을 만한 것은 작고 소박하나 강인한 식물밖에 없음을 떠올리게 된다. 그렇다면 언제 이런 일이 일어났을까? 그리고 얼마나 많은 세대를 거쳐야 그 효과가 나타날까?

다른 사람을 존중하지 않으면서도 자존감을 유지하고 타인의 존경을 추구하는 일은 실제로 가능하다.

시간이 갈수록 명예는 높아지고 능력은 낮아진다. 서로 공감하기. 남의 삶의 내용으로 자신의 삶을 채우려는 구조적 경향에서 볼 때, 그의 친절과 호의는 의심의 여지가 없다.

어쩌면 진정한 우정이란 대가를 바라지 않는 것일까. 상대방에게서 따뜻한 보살핌과 보호를 받았다면, 우리는 결코 성숙함에 이르지 못했을지도 모른다.

그 우정은 아무것도 '주지' 않는다. 다만 외로움 속에서 우리를 더 큰 통찰로 이끌어갈 뿐이다.

그가 내게 다가와 자기에게는 친구가 많고, 새 친구는 손쉽게 얻을 수 있으며, 그들과 함께 '가능한 한 많은 즐거움'을 누렸노라고 말했을 때, 나는 정조준된 강한 한 방을 맞은 듯했다. 왜라는 질문을 던지는 건 무의미했을 것이다.

한참 후에야 나는 깨달았다. 그때 그의 말이 그토록 아프게 다가왔던 것은 진정한 우정을 위해 성숙하기까지 갈 길이 멀었기 때문임을. 우정이라는 것. 그리고 그가 본능적으로 자기방어를 하면서 나의 길과 그 자신의 길을 직감했다는 걸 깨달았다.

선, 그림자, 색— 불꽃처럼 타오르는 표현력.

꽃, 산, 해변, 그리고 인간의 몸이 말하는 언어. 빛과 그림자의 상호작용, 목선의 저릿한 아름다움, 아침 햇살을 받으며 알프스의 풀밭에 피어난 하얀 크로커스— 초감각적 언어로 표현된 말들.

'나'라는 욕망은 우리말의 억양으로는 제대로 표현할 수 없는 미식가의 특성을 지녔다. *Mon cher moi— âme et corps—tu me fais un grand plaisir!*(나의 소중한 나— 영혼과 육체— 너는 나에게 큰 기쁨을 주노라!)

너의 욕망은 보호 없이 꽃을 피울 수 없다. 이는 명백한 진리다. 그 누구에게도 결코 얽매이지 말고, 그 누구도 네 삶에 끌어들이지 말라. 이는 단순하면서도 운명적인 진리다. 자아의 주변에는 그 자체의 욕망을 보호하려는 시도가 자리하며, 이로써 서서히 내면의 핵심으로 파고드는 차가운 고리가 형성된다.

광대놀이— 당신들의 광대놀이, 오, 인간의 주인들이여! 사냥개의 주인The master of the hounds은 자신이 사기꾼들의 왕국에서 단 하루만 왕으로 행세할 수 있음을 알고 있다. 그리고 그는 자신이 여우를 더 잘 다룰 수 있다는 것도 안다. 그럼에도…

어떤 사회적 차원에서 음모가 꾸며지고 싸움이 벌어질 때, 외부 조건과는 관계없이 그 싸움이 자기 입장과 관련된다면 '더없이 우수한 두뇌'의 소유자라 하더라도 나름의 순진함을 드러낼 수밖에 없다. 쓸 만한 속임수는 극히 적다. 이 문제에 연루된 사람은 눈과 귀가 어두운 도박장의 뇌조雷鳥와 다름없다. 특히 자신이 가장 똑똑하다고 생각할 때는 더욱 그렇다. 우리가 간구해야 할 은총은 자기이익을 불가피하게 추구한다고 하더라도 결코 유머를 잃지 않고 자기인식을 붙들 수 있게 해달라는 것이다. 이것만이 상황을 이겨낼 유일한 방법이다.

남들에게 중요한 것만 이야기하기. 알아야 할 것만 묻기. 이 두 가지는 말하는 사람의 고유한 재화다. 결과를 얻기 위해 토론하기. 관련 있는 사람들 하고만 '생각을 나누기.' 생각이 같은 사람들과 어울릴 때는 잡담으로 시간과 침묵을 채운다. 소소한 잡담은 생각을 공유하는 이들 사이에서 말로 표현되지 않은 것을 전달한다. 이것은 '헛된 말 한마디'의 진실을 경험한 사람들에게 훌륭한 정화의 수단이 되어준다. 사회생활에서는 그리 환영받지 못하지만 말이다.

왜 우리는 죽은 후에도 사람들이 이름을 기억해 주길 바라는가? 우리의 이름을 말이다. 한편으로 우리는 무명無名의 불멸성에서 벗어날 수 없다. 우리의 삶과 행동이 빚어낸 결과에는 식별되는 적절한 이름을 붙일 수 없다. 그것이 명예든 수치든.

"가난한 자들은 항상 너희와 함께 있거니와."° 죽은 자들과 마찬가지로.

모든 사람은 평등하다. 물론 이 말은 적게 가진 사람과 많이 가진 사람의 차이를 무자비하게 없애는 게 사실이다. 그런데 이 말은 얼마나 가졌든, 우리가 그 소유물을 어떻게 사용하느냐에는 적용되지 않는다. 삶과 죽음의 경계는 영원이라는 시간 속에서 도려내어졌다. 이것이 궁극의 진실이다. 우리는 누구랄 것 없이 항상 이 경계선을 넘을 기회에 직면하기 때문이다. 양방향으로 말이다. 맑은 눈의 불꽃 속에 모든 것을 태우고, 그 재 속에서 무언가 가치 있는 것을 찾아내길.

아름다움을 경험하기 위한 매체를, 어떤 의미에서는 가장 저속한 방식으로 자신의 것으로 삼고자 하는 이 치유할 수 없는 인간의 욕망. 우리는 산속 트롤처럼 공주를 잡아먹고 싶어 하며, 그 괴물의 경험을 부단히도 새롭게 되살리려 한다. 우리는 꽃을 꺾고, 몸과 몸을 맞댄다. 그리고 인간의 육체를 선線으로 표현하여 물리적 접촉을 불가능하게 만드는 방식으로 인간적 아름다움을 파괴한다.

잠재의식의 흐름이 건잡을 수 없는 소용돌이로 빨려 들어간다 해도, 기도의 물길로 향하는 댐 문이 열리면 물은 흐름을 되찾을 수 있다. 다만 물길이 충분히 깊어야 한다.

우리는 만남에서 수치스러웠던 모든 순간을 경고로 받아들여야 한다. 왜냐하면 직접 대면할 때는 용인되기 어려울 만큼 거리감을 단순화시켰고, 눈앞이 가려진 이들에게조차 당연히 요구되는 모든 명백한 조건들을 제거하는 일도 무의식으로 받아들였기 때문이다. 멀리서 볼 때 진실인 것은 아무것도 없다는 말은 우리 인간에게 진실로 적용된다. 하지만 그 반대의 말도 진실이라 할 수 있다.

한 가지 관찰: 길 건너편 창문을 통해 나는 밤낮으로 인내심을 시험하는 그녀를 본다. 인내심, 인내심— 죽음은 당신에게 기다림의 여유를 주지 않는다.

이런저런 뒷말을 하고, 소문의 길을 따라 조심성 없이 걷고, 자신에게는 물론 타인에게도 정직하지 않은 것. 이것은 감금— 잠시라 해도 자기 감정을 드러낼 용기가 없어 마음을 싸맨 채 상대를 소유하는 것과 마찬가지다. 재미없는 사람으로 낙인찍혀 외톨이가 되거나 일방적인 집착 때문에 경멸받기보다는 차라리 이 치욕적인 광대 역할을 하는 편이 더 낫다.

밤의 심연에서 의식이 다시 고개를 들 때, 어제의 수치심이 밀려온다. 일상과 삶의 원천 사이에 존재하는 갈등이 얼마나 파괴적이면 그 심판이 배신으로 이어졌을까. 나를 무겁게 짓누르는 것은 끊임없이 반복되는 실패와 그 과정을 뒤덮은 위선이 아니다. 물론 이것만으로도 자기혐오와 불안에 시달리기에는 충분하지만, 더 중요한 것은 내가 내 안의 '나보다 더 큰 무엇'을 속였다는 것이다. 나는 외부의 요구에 순응하려다 결국 그것을 저버렸다.

경험하는 이 순간과 지나간 경험 사이, 경험이 마지막 비밀을 건네주는 찰나의 순간. 그러나 우리는 그 순간을 지나친 뒤에야 금박이 벗겨지고 흠집 난 흔적들을 바라보며 한때 무엇에 매혹됐는지 묻게 된다.

그럼에도 자신이 누리지 못한 것을 다른 이들이 누린다는 사실에 때로 마음속 깊은 데서 씁쓸함이 치밀 수 있다. 어쩌면 이런 마음은 햇빛 쨍쨍한 며칠간 머물지 모른다. 그러나 이 형언할 수 없이 초라한 차원에서 죽음이 남기는 진짜 쓰라림은 다른 사람들이 계속 살아간다는 데서 비롯한다.

꿀벌이 자기방어를 위해 꿀을 독으로 증류하듯이, 독의 사용이 곧 사용자의 파멸을 의미한다는 것은 잘 알려져 있다.

진실로 자신 말고 다른 누구 또는 무엇에 대해 아무런 '감정'이 없는가? 공감 능력이 없다면 타인에 대한 너의 감정은 기껏해야 미美의 측면에 그칠 수밖에 없다.

하지만 이처럼 얕은 경험조차도 오늘 너에게 영적인 실재와 만날 수 있는 계기를 마련했고, 그로 인해 너는 내면의 무한한 빈곤을 드러냈다.

일어날 일은 일어나기 마련이다. 필연의 경계 안에 있는 한, 너는 상처받지 않는다.

일용할 양식을 위해 일하는 자.

지위를 위해 승부에 나서는 자.

자신의 권리를 향유하는 자.

아무런 문제도 품지 않은 자— 과거의 월계관을 깔고 누운 채 안주하는 자.

그리고 너는 어떤가—?

좁고 답답한 갱도 속, 헤드램프의 불빛만이 어둠을 비출 때, 굴착기는 벌레의 이빨처럼 바위를 물어뜯으며 나간다. 끝이 보이지 않는 어둠. 쉼 없이 스며드는 한기. 한결같은 외로움— 돌벽으로 둘러싸여 있지만 돌이 주는 안전함과 위안은 느낄 수 없다.

그래서 그는 땅에서 유용한 것을 캐냈고 그것은 돈이 되었다. 그 돈의 일부는 다른 세 명과 네게 돌아갈 것이었다. 그것은 무엇을 위한 돈이었나?

적어도 마음속 깊은 곳에서는 그 돈이 직업적 초자아를 위한 것이 아니라 너와 함께 일했던 이를 위한 것이며, 그가 너에 대해 가지는 권리가 네가 그에 대해 가지는 권리보다 앞선다는 것을 알아야 한다.

성공으로 이르는 길에서 품었던 죄책감을 없애는 방법. 자신을 온전히 내어주기. 그래야만 얻은 것을 도덕적으로나마 정당화할 수 있으니. 이 길을 따르는 동안 자신이나 타인에 대해 연민을 품지 않고, 자신의 권리가 타인의 권리보다 앞선다고 생각하지 말 것.

울리는 침묵
빛을 발하는 어둠
빛은
그에 상응하는 존재를 찾는다
멜로디에서.
고요함은
자유를 갈망한다
말 속에서.
생명은
흙의 어둠 속에서
얼마나 드물게 싹과 꽃을 피워내는가
얼마나 드물게 열매를 맺는가.

경험을 구체화하려는 이 미약한 몸부림은 나를 위한 것인가, 타인을 위한 것인가. 내일의 과제— Y의 우정이나 내 기여에 대한 X의 메모. 시간과 공간의 무한 속에서 시선이 길을 잃지 않게 하려고 나는 허무함에 맞서 종이 병풍을 세워둔다.

자고 가벼운 종이 병풍, 한 점 바람에 찢기고, 작은 불꽃에도 타버린다. 정성껏 아끼고 보살피지만 금세 새것으로 바꿔야 하는 것.

이 무한한 공간les espaces infinis[○]을 마주할 때의 아찔한

현기증— 극복할 길은 단 하나, 그 무한의 공간 속을 무방비 상태로 응시하는 것뿐. 그리고 이를 존재의 정당성을 입증해야 하는 현실로 받아들여야 한다. 모든 것은 존재하고, 우리는 오직 그 안에서 존재할 수 있다는 것. 우리가 살아가기 위해 도달해야 하는 진리란 이와 같다.

시간의 도피. 시간 속 우리의 도피— 시간으로부터의 도피.

하늘을 나는 힘찬 날개 위에서— 시간과 함께

머물지 않고, 앞서가지도 않으며

움직임 속에서의 쉼— 움직임에 대한 우리의 승리.

가볍게, 아주 가볍게—

세찬 물살 위를 떠돈다.

그 몰입의 순간

모든 힘을 모으고, 모든 생명을 걸고

심연으로 추락한다.

하지만 파도 위에서는 물살에 얽매어 쉴 수 없다.

다시 수면 위로, 파도 위의 고요함으로

스스로의 힘으로 날개를 펼치고 바람에 실려 간다.

착륙도 하지 말고, 둥지도 틀지 말라—

마지막 추락하는 궁극의 시간이 오면

심연은 제자리를 되찾는다.

허기는 열정의 땅에 일군 나의 보금자리다. 공동체를 갈망하는 허기, 정의를 갈망하는 허기— 정의 위에 세워진 공동체와, 공동체 안에서 쟁취한 정의.

오직 삶만이 삶의 요구를 감당할 수 있다. 그리고 이 허기는 나만의 개성이 타인에게로 향하는 다리를 짓고, 정의의 반석이 될 돌을 놓는 삶을 살 때만 채워질 수 있다.

자신을 두려워 말고, 고유한 삶을 살되 그것이 선善이 되게 하라. 공동체를 얻기 위해 타인을 따르지 말고, 편리함을 법으로 삼지 않으며, 정의로운 삶을 살라.

해방과 책임. 그래서 오직 단 한 명만 창조되었다. 만약 그가 실패한다면 그의 업적이 되었을 행위는 영원히 사라질 것이다.

나는 오래전에 죽은 이들에 대한 글을 읽고 있었다. 그런데 어느새, 아무런 예고도 없이 다른 이름들이 텍스트 속에 스며들고, 나는 이제 우리에 대해 읽고 있다. **우리가** 과거가 되어버린 시간 속에서. 대부분은 완전히 사라졌다. 한때 뜨겁게 달구어졌던 문제들은 단순하지만 차가운 추상으로 책장 위에 펼쳐져 있다— 평이하지만 우리가 오판했던 것들. 우리는 단순하고 어리석고 이기적인 인형과 같아서 눈에 쉽게 보이는 줄, 때로 엉키기도 하는 줄에 따라 움직인다.

학문의 일그러진 거울 속에서 내가 보았던 것은 풍자화가 아니다. 그 모든 게 결국 아무것도 아니었다는 증거일 뿐이다.

그는 자신을 잘 알았다— 나는 인간의 내면에 무엇이 있는지 잘 안다. 비열함, 욕정, 교만, 질투, 그리고 동경.

그리움은— 십자가 이후에도 남아 있다.

삶이 빈곤하다고 생각하는가? 어쩌면 네 손이 너무나 작고, 네 눈이 나빠졌기 때문은 아닐까? 성장해야 하는 건 바로 너 자신이다.

우리는 자기 운명의 틀을 선택할 수 없다. 그러나 그 틀 안에 무엇을 담을지는 우리가 결정한다. 모험을 원하는 자는 용기의 크기만큼 모험을 경험할 수 있다. 희생을 원하는 자는 자신의 순수성에 비례하여 희생할 수 있다.

내면의 공허함을 성공으로 가리지 말고, 무의미함을 노력으로 가리지 말고, 고독을 일로 덮어 가리지 말라. 더 멀리 나아가기 위해 지나온 길을 잊지 말라. 설령 그것이 우리를 우리 너머로 밀어내는 영적 고통을 초래한다고 할지라도.

어디로 가고 있는가? 나는 알지 못한다. 알기 위해 묻지도 않는다.

그 작은 소년은 넘어지지도 않고 한쪽 다리로 비스듬히 두 번 뛰어오른다. 소년은 자신의 기술에 스스로 만족하고 감탄한다. 관중이 있기에 그의 만족감은 두 배나 더 강렬하다. 우리는 도대체 언제 어른이 될까?

오, 그 영혼의 자기절제, 그 영혼의 아름다움, 우리가 감당할 수 있는 삶에 대한 고상한 평가, 그리고 모든 일이 잘 풀려 순조로운 삶을 사는 우리— 이것은 싸구려다. 성공을 미덕의 보상이라 여기는 것보다 조금도 나을 게 없다.

미처 떠날 준비를 하지 못한 이의 방에는 먼지가 두터이 쌓이고, 죽은 공기와 흐릿한 빛이 채워진다.

그 사랑의 대상을 희생할 용기가 없다면, 우리의 사랑은 고갈되기 마련이다.

삶에 대한 의지는 그 삶이 우리의 것이든 아니든, 삶을 원할 때만 지속된다.

우리가 더 이상 인격적인 신을 믿지 않는다고 해서 신이 죽는 것은 아니다. 그러나 우리 삶이 이성을 넘어선 근원으로부터 끊임없이 비추어 내리는 은총의 빛을 잃는다면, 그때 죽는 것은 우리 자신이다.

'다른 사람을 수단이 아닌 목적으로 대하는 것.'[○] 그리고 나 자신은, 더 큰 것을 위한 수단이 되는 한에서만 목적으로 삼는 것. 곧 내 존재 속에서 주체와 객체의 경계를 밀어내어, 그 주체가 내 안에 있으면서도 동시에 내 바깥과 너머에 존재하는 지점까지 이르게 되는 것. 그리하여 내 존재 **전체**는, 내 안에 있으나 나를 넘어서는 그 무엇을 위한 도구가 되는 것.

지금 **이 순간**, 내가 받은 것의 대가를 지불한다. 과거는 이미 기록되었고, 그 부채는 현재와 균형을 이룬다. 그리고 미래에 대해, 내겐 아무런 권리가 없다.

아름다움은 인간이 삶과 마주할 때 창조되지 않던가? 인간은 살아가는 순간마다 삶이 자신에게 준 모든 힘을 쏟아부음으로써 빚을 갚는다. 아름다움은 빚을 갚는 자에게 주어진다. 자신의 빚은 물론, 타인의 빚까지도.

가장 긴 여행은
내면으로의 여행이다.
자신의 운명을 선택한 자,
내면의 바닥을 향해
길을 떠난 자.
(과연 내면의 바닥은 존재하는가?)
당신들 사이에서
그는 여전히 이방인이다.
당신들의 감정 속에 고립되어
마치 사형선고를 받은 이처럼
또는 다가오는 이별 앞에서
각 사람의 궁극의 고독을 위해
미리 주는 선물처럼.

그와 당신 사이에 존재하는 거리감 속에는
불확실성과—
배려가 있다.

이제 당신을 바라보는 그와의 거리는
점점 더 멀어지고,

그를 부르는 당신의 유혹적인 외침은

점점 더 약해진다.

저녁 모임 후에 들이닥친 죄책감에 가까운 공허감, 그것은 나태와 부족함의 불가분의 동반자인 불안감을 끊임없이 자극한다.

어쩌면 그 모임이 무의미했을뿐더러 불필요했기 때문은 아닐까— 그럼에도 그것은 인간관계에서 지극히 당연하다는 생각이 고개를 들었고, 이 생각은 나태와 무기력함이라는 큰 죄를 벗어날 핑계가 되었다.

연극은 결국 끝까지 나아갔고, 현실을 모욕하는 잡담으로 채워졌다.

진정한 접촉을 추구하는 과정에서 그가 드러낸 불안감과 마주쳤을 때, 너의 외로움은 얼마나 노골적이고 두터운 자아도취에 빠져 있는가. 타인에게서 너 자신의 문제를 목격할 때 그를 순수하게 돕기란 얼마나 어려운가.

불현듯 내가 내 자신에게 진실한 것보다 그가 그 자신에게 더 진실하다는 것을 깨달았다. 그리고 그의 진실함을 객체로서가 아니라 주체로서, 나의 것보다 더 깊이 경험하는 일이 숙제로 남았다.

"곧 밤이 다가온다—" 한 해가 다가온다. 만약 오늘이 마지막 날이라면.

"우리가 어찌 보상이 부당하다고, 또는 속았다고 말할 수 있는가. 우리는 너무나 오랫동안 모든 것에서 필요 이상의 대가를 얻어 왔는데…."○

하루하루의 톱니바퀴는 우리를 끊임없이 밀어붙인다. 밖에는 아무것도 없다는 사실에서 느껴지는 해방감. 나는 선택자들의 시험 삼아 움직이는 손끝을 조종할 수 있다— 이것을 제외한 모든 것을. 날들과 해年가 하나의 순간으로 녹아드는— 숨이 멎기 직전의 그 순간에는 죽음의 빛이 구석구석 비추어 내리고 죽음의 잣대로만 측정된다.

어떤 중대한 결정에 직면했을 때 누군가가 네 손을 잡아준다면— 이 회색 하늘에서 비추어 내리는 금빛 햇살은 네가 감히 생각지도 못했던 모든 것의 증거다.

기다리는 아이에게 시간이 길고도 길다— 크리스마스, 다음 여름, 그리고 어른이 되기까지. 행복한 하루의 모든 순간에 온 영혼을 바칠 때도 그렇다. 그다음은—

그는 **그들**을 신뢰했기에, 그들이 자신을 얕보자 공격적으로 돌변했다.

'타인의 무관심 속에 숨을 고른다.' 동시에 타인의 공감에 굶주린다!

현재는 미래로 이어지는 다리가 아니며, 그 순간의 내용에 따라 의미를 지닌다. 우리가 공허함을 온전히 받아들일 때, 이 공허함은 그 순간의 내용으로 채워질 것이다.

"노인들은 탐험가가 되어야 한다."[○] 누군가는 반드시 그래야만 한다. 여느 일상의 세계가 그들에게는 닫혀 있으므로. 새로운 땅을 개척하는 사람은 거의 없다.

나르키소스는 샘가에 몸을 숙였다— 그가 감히 시선을 아래로 둘 수 있는, 또는 시선을 아래로 두도록 허락받은 유일한 이에게 몸을 맡긴 채.

나르키소스는 샘가에 몸을 숙였다— 자신의 추함을 인정할 용기가 있다는 사실에 자만하며, 자신의 추함에 사로잡힌 채.

악마의 성으로 향하는 마녀의 여정[◎]에서 우리가 마주하는 것은 우리 자신, 바로 자신뿐—

우리는 가장 수치스러운 것조차도 잊을 여유가 없다.

우리는 죽은 자들을 기억한다. 그들이 세상에 태어났을 때, 그리고 그들이 세상을 떠났을 때— 약속의 인간으로서 또는 성취의 인간으로서.

'누군가와 어울린다는 것'— 그것은 관습이 침묵을 허락하지 않기에 말을 꺼내는 행위다. 인간의 조건La condition humaine의 예: 서로 몸을 비비며 교류하고 접촉한다는 환상을 자아내는 것. 인간 존재의 본질적 자원을 부적절하게 사용하면 우리는 지치고 만다. 좁은 틀에서, 이는 인류가 스스로를 성공적으로 괴롭혀 온 수많은 방법 가운데 하나다— 영적 죽음의 지옥에서.

'의존한다는 것'— 우리는 자기주장을 고수하는 것과 두려움을 곧잘 혼동한다. 또 자신의 확신보다 타인의 의견에 더 크게 의지하려는 경향, 그리고 타인의 주장을 성숙하고 온당하게 평가하려는 필요성에 대해 입을 다물려는 경향이 있다. 숨바꼭질 놀이랄까. 악마는 우리의 의존성을 관대함이라 부르면서 이용하려 들고, 관대함을 없애려 들 때는 이를 의존성이라 칭한다.

선의를 지닌 한 남자를 둘러싼 승리의 빛, 그 내면의 달콤함—크랜베리와 구스베리의 맛, 햇볕의 그을음과 서리의 느낌.

크나큰 자존심의 뻔뻔스러움. 이 자존심은 왕관을 쿠션에서 들어 올려 제 이마 위에 올린다.[○]

인간의 위계를 구성하는 모든 것에서 멀어지게 하는 크나큰 자존심.

이야기 하나. 너무나 무거워 그 광휘를 완전히 잊고 살아갈 수 있는 자만이 쓸 수 있었던 왕관에 관한 이야기.[◎]

역할에 따른 복장과 자신의 이익을 위해 신중하게 착용했던 가면은 너 자신과 네가 얻고자 했던 공감 사이에 벽을 세웠다. 그 공감은 네가 벌거벗고 섰던 그날 얻은 것이다.

명령하는 목소리는 절망의 한숨으로 바뀌어서야 비로소 귓가에 닿았다.

미래에 충실한다는 것—

비록 '죽음을 잘 준비한다'라는 의미일지라도.

날마다 그 정당성을 증명하는 자만이 권력을 누릴 만한 자격이 있다.

동기 혼합. 중요한 결정을 내릴 때는 우리 존재 전체가 영향을 받는다. 존재의 선함은 물론 악함까지도. 우리가 일체감을 누릴 때 선악 중 어느 쪽이 다른 쪽을 속인 것일까? 심지어 미소를 지으며 승자를 발표하는 메피스토°조차도 우리가 그 결과를 어떻게 받아들이는가에 따라, 그는 얼마든지 패자가 될 수 있다.

"그가 리더로 등장하기를 기대하지 않았던가."
그는—? 용기와 독립심으로 여기까지 왔다. 잡힐 듯 잡히지 않는 목표를 좇아 바다를 건넜던 에이해브◎처럼.

그는 콜럼버스의 카라벨° 탑승자 중 하나였고, 귀향하면 노인의 뒤를 이어 제화공으로 자리 잡을 수 있을까 궁금해했다.

모든 것이 단순해지는 지점이 있다. 뒤돌아보면 모든 것을 잃었다고 느끼게 하는 지점, 더 이상 선택할 여지가 없어진 지점. 인생의 돌이킬 수 없는 지점point of no return.

전설은 죽은 자를 중심으로 펼쳐지듯, 무대에서 하이라이트를 받는 인물 중심으로 만들어진다. 하지만 죽은 자는 전설에 생명을 불어넣으려 하거나, 그 전설을 자신의 현실로 받아들이는 유혹에 빠지지 않는다. 공적 생활의 신혼기에 여론이 그려낸 자기 이미지에 반해버린 애처로운 남자!

지구에 짐을 지우지 않기— 감상적이고 이상적인 발언이 아니라 말 그대로 단순하게, 지구에 짐을 지우지 않기.

순간의 기쁨에 머무른다는 것, 삶의 밝고 긍정적인 용기를 향한 흐름이 된다는 것, 그 빠르고 청량한 물살의 흐름 속에 비추어 내리는 한 줄기 햇살— 무기력과 불안과 편협함이 지배하는 세상에서.

다른 이들의 미래를 통해 존재하며, 그들의 현재에 짓눌리지 않는 것.

커피와 달콤한 케이크를 나누는 이들이 입에 올리는 근육질의 영웅 이야기나 영혼을 담은 비극적 희생정신은, 스스로 가치 있다고 생각하는 일에 자신을 오롯이 바치는 평범한 행위와 얼마나 동떨어져 있는가.

자신의 내적 운명을 실현할 기회가 외부에서 주어진다면, 가진 전부를 버리고 목표에 이르지 못할지도 모를 위험을 감수할 것인가?

만약 '스스로 택한 길을 가는 자는 다른 모든 길을 포기한다'라는 공리를 받아들이지 않겠다면, 교차로에서 멈추는 게 합당하다고 자신을 설득해야 할 것이다. 그러나 그 길을 가는 자를 비난하지는 말라— 비난도, 칭찬도 하지 말라.

삶에 헌신한 한 젊은이. 그와 친밀했던 사람들이 말하기를, 그는 마지막 저녁 식사 후 일어나 겉옷을 벗고 동지들의 발을 씻겨주었다고 한다. 이 강인한 젊은이는 운명을 맞이하기 직전 홀로 서 있었다.

그는 자기 자신—그 자신!—의 우정에 관한 작은 연극을 보았다. 그는 자신이 왜 그리해야 했는지 이해하는 사람이 아무도 없다는 것을 알았다. 그리고 그들이 얼마나 두려워할지, 또 얼마나 의심할지도 알았다— 결국 그중 하나가 그를 고발했고, 곧 호위대에 신호를 보낼 것이다.

사막에서 돌아왔을 때, 그는 깨달음을 얻고 자기 존재와 운명에 모든 것을 걸었다. 하나님이 그에게 어떤 뜻을 두었다면 그 뜻을 저버리고 싶지 않았다. 그는 얼마 전 그 뜻을 선명하게 보았고, 그 길이 고통의 길일 수 있음을 알았으나 그럼에도 그 길을 따라야만 한다는 것을 깨달았다. 그는 자신이 바로 '그 사람'인지에 대해 의문을 품었지만, 답은 오직 그 길을 따라야만 얻을 수 있다는 것을 알았다. 그 끝은 가능성이라는 길의 막다른 골목— 의미 없는 죽음**일 수 있었다**.

마지막 날 저녁. 강인한 이 젊은이가 입을 열었다. "내가 너희에게 무엇을 했는지 아는가? 이 일이 일어나기 전에, 나는 너희에게 말한다. 너희 중 하나가 나를 배신할 것이다. 너희는 내가 가는 곳에 따라올 수 없다. 너희는 실로 나를 위해 목숨을 바치겠느냐. 그러면 나는 내 평화를 너희에게 주겠다. 이 일은 내가 아버지를 사랑하고, 아버지가 내게 말씀하신 대로 내가 행한다는 것을 세상에 알리기 위함이다. 일어나라. 이제 여기를 떠나자."○

이 영원한, 잔인할 정도로 단순한 드라마의 주인공은 '세상 죄를 지고 가는 하나님의 어린 양'◎인가? 감지된 가능성을 향한 충실함에 사로잡혀 하나님의 뜻을 따르고, 제물이 되고, 구원자가 되는 이— 삶에 헌신한 한 젊은이. 스스로 선택한 운명 속에서 자기연민이나 동정도 없이, 다른 이들이 따라주지 않는데도 새로운 공동체를 위해 자신이 속한 공동체마저 희생하며 제 갈 길을 가는 남자.

자신의 가능성에 투자하라. 왜? 타인을 위해 스스로 희생하는 것은 **결국 자기 자신을 위한 일**인가— 그것은 숭고한 자기중심주의적 사고 때문인가? 아니면 그는 타인을 위해 자신의 목표를 성취하고 실현하는가? 그 경계선은 비인간적인 생각과 인간적인 생각 사이에 존재한다. "새 계명을 너희에게 주노니, 서로 사랑하라."○

내면의 가능성— 외부의 가능성과 위험한 상호작용 속에 있는 것. 가능성의 길은 호산나의 외침과 함께 입성入城으로 이어졌고— 그가 선택한 것과는 또 다른 가능성의 문을 열어주었다.

우리의 불안과 갈망이 수천 배로 커지거나 수천 가지 방법으로 해소될 수 있다는 건 그것이 단 하나의 방법으로 극복될 수 있다는 사실만큼이나 평범한 진리다. 결국 우리에게 가장 필요한 것은 우리가 어딘가에 꼭 필요하다는 걸 직접 경험하는 일, 혹은 그것을 경험했다고 믿는 일이다.

강요된 것이든 자발적인 것이든— 외로움의 전망은 궁극적으로 우리에게 두 가지 선택지를 가져다준다. 하나는 허무함 속에서 절망하는 것이고, 다른 하나는 개인을 넘어선 공동체 속에서 진실한 삶의 권리를 획득할 '가능성'에 자신을 거는 것이다. 다만 후자의 경우에는 산을 옮길 만한 믿음°이 필요하지 않을까?

3월의 햇살. 가느다란 자작나무의 옅은 그림자 속에서 얼어붙은 정적이 응결된다. 그러다가—갑자기—대륙검은지빠귀°의 조심스러운 부름, 세상 밖의 현실, 진짜 현실이 펼쳐졌다. 그리고 불현듯 우리의 지식을 넘어선 곳, 우리에게 차단된 낙원이 다가왔다.

그가 어린 딸을 데리고 왔다. 아이는 가진 옷 중에서 가장 예쁜 옷을 입고 있었다. 너는 아이가 그 예쁜 코트를 입고 얼마나 두려워하는지 보았다. 다른 사람들도 보았다. 무심한 눈초리로. 그 코트가 작년에는 또 다른 작은 소녀의 것이었음을.

오전의 햇살은 축제 분위기를 만들어 냈다. 이제 대부분은 집으로 돌아갔다. 풍선 장수는 그날 벌어들인 돈을 세었다. 시간이 흘러 태양도 구름 뒤로 지고 있었다. 그가 작은딸이 기다리던 집으로 돌아와 봄을 만끽하고 부활절의 새로운 햇살 아래 몸을 녹이기에는 다소 외롭고 쌀쌀했다.

하지만 아이는 만족했다. 둘 다 만족해했다. 왜냐하면 그들은 네가 아직 깨닫지 못한 겸손을 배웠기 때문이다. '다른 것'과 '더 많은 것'을 강요하지 않는, 비할 데 없는 겸손을.

단출한 식사, 견고한 형체
짧은 욕망, 몇 마디의 말.
별 하나 나직이 떠 있는
차가운 공간—
새벽별.
궁핍함의 창백한 빛 아래
사물이 살아간다
우리가 존재한다.

심판은 그날 내려진다. 계속되는 비겁함, 거듭되는 배신, 그리고 사소해 보이는 약점 하나 때문에 네가 올바른 선택을 할 기회를 잃게 되는 바로 그날.
너의 말이 액면 그대로 받아들여지지 않았음에, 적어도 여전히 시험을 받는다는 은총에 감사하는가.

너는 목표에 도달한 후에도 여전히 다양한 활동을 이어가는 야망가다. 너는 언제든 다른 사람들이 더 나은 자격을 갖추지 못하게끔 방해할 수 있다.

네게서 명백하게 드러나는 것. **너는 존재하지 않았을 수도 있었다**. 하지만 고정 월급, 은행 통장, 그리고 서류 가방을 손에 들고 있노라면 자기 존재를 당연시할 수밖에 없다. 네가 누구인지는 관심사가 될 수 있지만, 네 존재 자체는 관심의 대상이 아니다. 우리가 '오늘이 계속되는 동안' 생각할 수 있는 이유는 죽음이 아니라 연금 때문이다.

"너무 번잡한 세상. 나는 바라는 것이 거의 없다."○

만약 죽음마저도 사회적 기능이 되어야 한다면, 제게는 방해 없이 가만히 빠져나갈 수 있는 은혜를 내려주소서.

X에게 외적 불안, 내적 금욕주의, 감정적 삶과 반反여성주의는 **서로** 직접적인 인과관계는 없으나 기본적으로 동전의 양면과 같다. '좀 더 평범한' 유형의 사람들은 사무실과 침실을 하늘 아래 탁 트인 공기 속으로 끌어들이려는 반면, 당신은 그와 함께 사방을 둘러싼 두터운 벽면과 나지막한 천장 아래의 현실로 도망쳤다. 그와의 접촉은 가벼우나 다른 이들과의 접촉보다 훨씬 노골적이고 강렬하며, 그의 눈빛과 어조는 사람들을 한데 결속시킨다.

나의 친구이자 저명한 심리학자인 그가 진단을 마쳤다. 그러나 아무것도 이해하지 못했다.

영적 해방에는 감각적 요소가 있고, 영혼의 밀실공포증에는 물리적 상징성과 생리적 토양이 있다.

자기의 가장 순수한 자아와 타협하지 않으려는 용기는 기껏해야 교만으로 간주된다. 그리고 판사는 대죄에 대한 처벌을 내릴 때처럼, 눈에 보이는 결과가 합당하다고 여겨져야 비로소 판결에 대한 지지를 얻을 수 있다.

권력자는 구원을 받지 못한다— 반대로, 구원받은 자는 힘을 얻는다.

한계는 어디인가? 이 충만한 아름다움과 이해할 수 없는 의미를 지닌 채 눈의 증언보다 훨씬 더 깊이, 마음속에 새겨진 이 꿈 같은 장소에서 우리가 도달하는 곳은 어디인가? 그래, 두려움과 욕망이 없는 곳.

현실을 떠올리게 하는 신체는 어디로 사라지는 걸까? 그러나 이 꿈같은 세계의 이미지는 절대 늙지 않는다. 그것은 살아 있다— 기억을 기억하는 기억처럼.

새들에 대한 꿈을 보았다. 아침과 밤에 대한 꿈을 보았다—

녹초가 된 새들. 커다란 새들이 지친 날개를 접고 절벽에 몸을 기댄 채 어두운 물을 바라보며 밤을 기다린다. 쇠진한 새들이 서쪽의 불꽃을 향해 고개를 돌린다. 불꽃은 피가 되고, 피는 재와 섞인다. 오, 저 물 위를 보라. 서쪽을 향해. 가파른 절벽의 끝없는 곡선을 보라. 고요히— 이 거대하고 아득한 세계가 밤으로 스며드는 순간을 살고 있다. 발화된 것과 발화되지 않은 것들은 단 하나의 유일한 말을 지워버린다. (나의 말들, 그의 말들?) 이제 되돌아갈 길을 찾기에는 너무 어두워졌다.

밤. 길은 나를 지나쳐 내 앞으로 곧장 이어진다. 내 뒤에는 집으로 향하는 구불구불한 오솔길이 있다. 마치 공원의 울창한 나무 아래 어둠을 가르는 한 줄기 빛처럼. 나는 사람들이 어둠에 둘러싸인 저곳을 걷는다는 사실을 알고 있다. 나는 안다. 밤에 가려진 채, 생명이 내 주위에서 떨고 있음을. 나는 안다. 집 안에서 무언가가 나를 기다리고 있음을. 저 어둠 속에서 한 마리 외로운 새의 울부짖음이 들려온다. 그리고 나는 걷는다— 그곳을 향해.

어디서 오는지 알 수 없는 빛, 새로운 날의 옅은 금빛. 나직한 덤불에는 이슬을 머금고서 매달린 부드러운 잎새의 은빛. 언덕 너머로 피어난 고비의 시원한 붉은빛. 지평선의 푸른빛— 나는 어둑어둑한 계곡의 나뭇잎 무성한 길을 따라 넓은 경사로로 나아간다. 빗방울은 손등에서 반짝이고, 나뭇가지에서 떨어지는 물방울은 이마를 시원하게 식히고는 따스한 아침 바람에 증발한다.

지금. 다른 사람들을 향한, 나 자신을 향한, 그리고 어두운 지하 세계를 향한 두려움을 이겨낸 바로 지금.

경이로움의 경계에서.

익숙한 일들은 여기서 끝난다. 그러나 저 너머의 무언가가 내 존재의 근원을 위한 가능성으로 나를 채운다.

열림을 향한 갈망은 이곳에서 정화된다. 모든 행위는 준비이며, 모든 선택은 미지의 것을 향한 긍정의 대답이다.

표면적 삶의 의무는 깊이를 향해 나아가는 것을 방해했지만, 나는 혼돈 속에서 천천히 나 자신을 무장시키며 내려간다. 하얀 기생꽃의 향기가 새로운 화합의 약속을 안고 있는 그곳으로.

경이로움의 경계에서—

아무런 대답도 기대하지 않는 지점에 이르러서야 줄 수 있다— 상대방이 기뻐할 수 있는 선물을. 성숙함을 통해 사랑하는 사람을 향한 의존과 집착에서 벗어나고, 사랑의 본질이 자아의 빛으로 녹아들 때, 사랑받는 이도 사랑하는 이로부터 자유로워져 두 사람의 관계는 비로소 완전해질 것이다.

이 느낌은 어느 시간의 차원에서 영원히 지속될 수 있을까? 그것은 분명히 존재했다. 그것은 나를 풍요롭게 채워주었다.

그것은 내 안에서 태어났고, 아무도 그것을 알지 못했으며, 결국 내게서 달아났다— 그것은 시간과 공간을 초월한 물질 속에서 형성되었고, 흙이 된 심장에서 만들어졌다.

그래서 하늘은 땅에 기대어 있다. 연못의 저 고요한 어둠 속에서 숲의 가슴이 열린다. 그가 그녀의 몸을 변함없는 부드러움으로 감싸듯, 아침의 고요하고 밝은 빛이 벌거벗은 땅과 나무를 감싼다.

나는 결속을 향한, 이 만남에 동참하고픈 불타는 열망을 느낀다. 이 불타오름은 땅과 물과 하늘을 향한 지상적 사랑에 대한 갈망과 하나가 된다— 그것은 나무들의 속삭임, 땅의 향기, 바람의 애무, 빛과 물의 포옹에 대한 응답이다. 이제 만족하는가? 아니, 아니, 절대 아니다— 그것은 시원한 휴식, 기다림이다.

그는 아무것도 얻지 못했다. 하지만 그는 부요해지고자 다른 사람들보다 훨씬 큰 대가를 치렀다.

자신의 터전에서 벗어나 혁명을 이끄는 일은 삶이 아니라 죽음으로 이어진다. 단, 그가 혁명의 과정에서 겉보기에 거부해야 할 것에 대한 애정에 이끌려 심원한 차원에서 그 사회에 충실해지는 경우는 예외다.

악마의 카드 덱에는 저주, 파괴, 성공 카드가 나란히 놓여 있다. 없는 것은 오직 사랑 카드뿐이다. 제 손에 수많은 이들의 운명이 달려 있음을, 그는 알았을까? 그는 신의 대리자가 되었다. 동시에 누군가에게는 반드시 무너뜨려야 할 상징이 되었다.

심리학은 불안한 미지의 것을 일반적인 일탈의 하나로 간주함으로써 우리에게 어떤 가능성을 제공할 수 있는가?

둘 사이에 말로 표현되지 않은 일이 일어났을 때, 그 일은 결코 말로 치유될 수 없다. 설령 그 일에 대해 그들이 같은 생각을 품었다 하더라도.

대자연의 위대함을 경험하는 초인간적 존재. 이것은 우리 인간적 반응의 표현으로 축소될 수 없다. 표현한다 해도 그와 같은 존재가 될 수는 없다. 우리가 전체의 유기적 일부로서 공명하는 길을 찾지 못한다면, 단지 수천 개의 구성 요소가 상호작용하면서 일으키는 조화를 바라보게 될 뿐이며, 이것은 우리 자신이 조화 자체로서 경험하는 것과는 별개다.

풍경. 세부를 직접적으로 경험할 때만, 우리의 영혼 속에 전체의 아름다움을 위한 비옥한 토양이 마련된다.[○]

북극 여름밤의 여명. 얼음과 금방이라도 터질 듯한 꽃봉오리의 향기— 벌거벗은 나무 둥치의 녹갈색빛 광택, 윤기 가득한 어린 잎사귀에서 반짝이는 빛— 매미가 날개를 바스락거리는 소리, 찌르레기 지저귀는 소리— 역광 속 빙하의 창백한 빛, 해안을 따라 넘실거리는 로도덴드론[◎]의 보라색 물결— 여기저기 피어 있는 하얀 벌레잡이제비꽃, 햇살 아래 반짝이는 시원한 물보라. 승리—

나란히 선 나무들 앞에 피어난 작은 꽃을 향한 겸손함이 산으로 오르는 길을 열어준다.

아직 삶이 내게 모든 것을 요구하지 않았기에, 더 큰 헌신을 향한 가능성에 불타오른다. 하지만 삶이 쓸모 있는 것들을 이미 모조리 가져가 버렸다면 어떡하나? 내 존재를 깊이 다듬어 모든 것이 가치를 지니게 할 수 있다면, 모든 것을 내어주려는 바람은 충분히 좋은 일이다. 그게 아니라면— 나는 왜 이토록 긴장하는 걸까? 인간으로서 나의 노력에는 어떤 야망의 흐름이 스며 있는 걸까?

황무지의 가을 속에서. 낱낱의 소멸 속에서도 삶은 그 자체로 목적이 된다. 시야는 높고 맑게 트이고, 꺼져가는 것들 속에 깃드는 고요함— 오늘 저녁, 만약 총살대 앞에 선다 해도 나는 "예"라고 대답할 것이다. 피곤이나 반항심 때문이 아니라 연대의 밝은 신뢰 속에서, 이 깨달음을 사람들 사이로, 내 삶으로 가져오기 위해—

라플란드의 가을, 비를 머금은 부드러운 동풍이 마른 강바닥을 타고 흘러내린다. 강가에는 노랗게 변한 자작나무들이 폭풍 속에 떨고 있다.

거대한 소멸의 찬가가 첫 음을 울린다. 소멸을 위한 찬가도, 소멸에서 비롯한 찬가도 아니다. 소멸을 거스르는 찬가는 더더욱 아니다. 소멸 그 자체가 곧 찬가인 것이다.

'경이로움의 경계에서.' 그 경이로움이란— 어쩌면 단순히, 로드 짐이 도라민과 마지막으로 마주하는 순간일지도 모른다.○ 그는 자신에게 충실하려는 절대적인 신념 속에서, 절대적인 용기와 절대적인 겸허함에 몸을 맡겼다. 강렬한 죄책감을 느꼈지만, 동시에 적어도 인생에서 가능한 한 빚을 갚았음을 깨달았다. 바로 그들을 위해 삶을 바쳤기에, 그들에게 목숨을 요구받는 이 순간에도 그의 마음은 평안하고 행복하다. 마치 고요한 바닷가를 혼자 거닐 때처럼.

"곧 밤이 다가온다—" 아, 이 길은 얼마나 먼가. 하지만 지금껏 걸어온 그 시간은 내게 필요했다. 이 길이 어디로 이어지는지— 어디를 지나쳐 왔는지 배우기 위해.

'나는 계속 인도된다—' 그래, 그렇다— 너는 주어진 기회들을 모른척하지 않았다.

"당신의 뜻이 이루어지이다." 자, 인정하자. 너는 때때로 사사로운 이익을 위해 운명을 돕는 척 소소한 시도를 했고, 심지어 그것을 남들 앞에서 가장 고귀한 명분으로 포장하려 했던 적도 있었다. 하지만 일의 결과는 너의 머리 위를 넘어선 믿음과 신뢰에 맡겨야 한다.

"당신의 뜻이 이루어지이다." 길이 어디로 이어지든 겉보다 속을, 세상보다 영혼을 우선하라. 내면의 가치를 겉모습을 덮는 가면으로 이용하지 말고, 동시에 내면의 가치가 겉모습에 전하는 진실한 가치를 부정하지 않아야 한다.

일을 고독의 마취제로 삼고, 책을 사람들의 대용물로 삼는 것! 너는 말한다, 기다리고 있다고. 문이 열려 있다고. 하지만 그 문은 사람들을 위한 것인가? 아니면 엠페도클레스[°]가 에트나 산 위에서 기다렸듯이 인간을 넘어선 운명을 향한 것인가?

가장 어려운 일: **올바르게** 죽는 것— 누구도 피할 수 없는 이 마지막 시험— 통과하는 이는 얼마나 될까? 이제 너도 그 시험에 맞설 힘을 얻고자 하나님께 구하라— 심판자이신 그분께 자비를 구하라.

탄생과 죽음, 헌신과 고통— 사회적 책임이라는 밝은 조명 아래 춤추는 삶 그 이면에 숨겨진 현실.

나는 콕토의 〈오르페〉°에 나오는 거울의 상징을 얼마나 깊이 이해하는가? 현실에 맞닥뜨릴 때, 나 자신과의 만남을 가로막는 그 장벽을 뚫고 나가야 한다. 설령 죽음의 세계로 들어가는 대가를 치러야 한다 해도. 하지만 내가 그토록 열렬히 갈망하는 것도 바로 이것이 아니었던가? 그런 기회는 언제, 어떻게 찾아올까? 아니, 어쩌면 이미 그 기회를 흘려보냈을지도 모른다.

사람들과의 관계는 거울 그 이상의 것인가? 누가 또 무엇이 그 거울을 문으로 바꿀 기회를 내게 줄 것인가? 그것은 기회일까, 아니면 불가피한 강제일까? 나는 필요 이상으로 '현명하고 균형 잡힌 사람'인가? 그러니까 나는 사회적 자아에 지나치게 몰두한 나머지, 어떤 필연적인 상황이 아니라면 굴복하지 않는 게 아닐까? 내겐 그 필연조차 설명 가능한 것이어야 한다.

'경이로움의 경계에서—' 나는 깊은 심연으로 뛰어드는 완성*consummatio*°을 인지한다. 하지만 본능과 경험, 교육, 그리고 '배려'의 습관 때문에 물 아래로 머리를 담그길 두려워한다. 심지어 그 일이 어떻게 일어나는지도 모르는 채!

수백만 년을 흐른 생명의 강, 수천 년을 이어온 인간의 흐름. 악과 죽음과 고난, 그리고 희생과 사랑— 이 거대한 흐름 앞에서 '나'란 과연 무엇을 의미하는가? 이성은 나의 욕망을, 나의 힘을, 그리고 사람들로부터의 존경을 추구하라고 강요하지 않던가? 그러나 나는 '안다.' 알면서도 알지 못하는 채로. 이 관점 안에서는 전부 무의미하다는 것을. 바로 이 깨달음 속에, **하나님이 계신다.**

소란 속에서도 내면의 침묵을 지키는 것. 비가 내리고 곡식이 익어가는 비옥한 어둠 속에서 활짝 열린 채 고요히, 촉촉한 흙처럼 존재하는 것. 마른 대낮에 수많은 이들이 땅 위를 휩쓸며 먼지 소용돌이를 일으킨다 해도.

땅의 감각이 몸의 감각과 맞닿을 때— 땅에서 나온 흙이 되고, 식물들 사이에 자라는 식물이 되고, 흙에서 태어나 다시 흙을 살찌우는 한 마리 짐승이 되는 것. 몸으로 맺는 일종의 범신론적 결속은 그 자체로 확고한 언약이다.

적에게조차 친절하기는 쉽다— 다만 그 친절은 인격의 결핍에서 비롯한 것이다.

텅 빈 마음을 채우는 유일한 삶의 징표가 공허함에 대한 혐오감뿐이라면?

너는 그곳에 가 보았다. 하지만 그뿐이다! 평생 얼마나 많은 걸음을 걷고, 얼마나 많은 시간을 따라왔으며, 얼마나 많은 것들을 보고 들었는가? 도대체 무엇을 위해?

텅 빈 무無의 세상에서

침묵 속에 잠들고

어둠 속에 울고 있는—

작은 인쿠부스°여,

언제, 도대체 **언제**?

그리하여— 업무 생각의 손아귀에서 풀려날 때 빛과 따스함과 힘을 체험하게 된다. 그것은 외부에서 온다. 마치 글라이더에게는 공기가, 수영하는 사람에게는 물이 필요하듯이. 하지만 나의 이성에서 뻗어 나온 의심, 그리고 증명과 논리에 대한 요구는 이 '신앙'의 체험을 가로막는다. 또한 이 체험을 지식의 언어로 확장하여 현실을 말하는 것마저 가로막는다. 그러나 이 순간에도 끊임없이 말과 행동으로 기도하고, 거룩한 뜻 안에 살아가는 수많은 이들이 창조한 영적인 힘은 내 안을 환시적으로 스쳐 지나간다.

—'성도의 교제.' 여기에 영원한 생명이 있다.

'평화를 위한다'란 이유로 자신의 경험과 신념을 꺾지 않는 것!

오, 나에게 목숨을 걸 만한 무언가를 주소서!

"성벽은 말없이
차갑게 서 있다. 깃발은
바람에 달각거리며 흔들린다."○

외로움을 고통스럽게 만드는 것은
나의 짐을 함께 짊어져 줄 이가 없다는 사실이 아니라,
오직
내가 지고 있는 짐만이 나의 것이라는 사실이다.

눈앞을 가리는 욕망 없이,

누군가의 삶에 불쑥 들어설 권리가 있다는 생각 없이,

벌거벗은 내 존재를 부끄러워하며,

함께 살기 위한 전제조건으로 온전한 조화를 요구한다면

어떻게 달라질까?

너의 외로움이 삶의 의미, 죽음을 감수할 만큼 가치 있는 것을 구하도록 하는 자극이 되게 하라.

피로는 고통을 무디게 하고 죽음으로 꾀어간다. 이처럼 너는 외로움을 이기려다 유혹당할 수 있다. 그리고 삶의 마지막 도피처로 초대받을 수도 있다. 하지만 그래서는 안 된다! 부디 죽음이 삶에 대한 배신이 아니라 선물이 되기를.

'자신을 내보이는 일'— 일터에서, 그리고 타인을 위해. 물론 좋은 일이다. 단, (어쩌면 다른 이들의 존경마저 기대하며) 자신을 과시하기 위해서가 아니라면 말이다.

나는 말도 안 되는 것을 요구한다. 삶에 의미가 있어야 한다고.

나는 불가능한 것을 위해 싸운다. 내 삶에 의미를 부여하기 위해.

나는 감히 믿지 못한다. 어떻게 믿어야 하는지도 모른다. 내가 혼자가 아님을.

내가 사는 이 척박한 세상은 가난의 반영인가, 아니면 정직성의 반영인가? 약함을 말하는 것인가, 강함을 말하는 것인가? 내가 길을 잃었다는 의미인가, 아니면 오히려 길을 따른다는 의미인가? —절망이 그 해답일까?

‘하나의 의미.’ 열일곱 청년이 그 말을 꺼냈을 때, 그는 자신이 무얼 말하는지 알지 못했다. 이제 그보다 서른 해를 더 살아온 나는, 이 말의 무게를 충분히 알면서도 여전히 이런 문장을 쓰고 있다. 우스운 일이다.

이 말하고자 하는 욕구란 얼마나 우스꽝스러운가! 적어도 **누군가** 하나쯤은 네 삶의 속내를 들여다보았다는 사실이 왜 그리 중요한가? 너는 왜 이 글을 쓰는가? 물론 자신을 위해서겠지만, **혹시** 다른 누군가를 위해서는 아닌가?

외로움은 죽음에 이르는 병°이 아니다. 하지만 외로움은 죽음을 통해서야 비로소 극복될 수 있는 것이 아니던가? 그리고 우리가 죽음에 가까워질수록 외로움의 무게는 더 무거워지지 않는가?

"곧 밤이 다가온다."
지나간 것들에 감사하고
다가올 것들에는 "예"라고 해야 한다!

성숙함이란 강점을 숨기지 않는 것, 그 힘을 드러내기가 두려워 자기 안의 가장 좋은 것들을 억누른 채 살지 않는 것.

선함이란 참 단순하다. 언제나 타인을 위해 거기에 있는 것, 그리고 결코 자신을 앞세우려 하지 않는 것.

하나님은 결정적인 순간에—지금처럼—단호한 목적의식과 소포클레스[○] 같은 정밀함으로 일하신다. 그리고 때가 차면, 그분은 자신의 것을 거두어 가신다. 네가 할 말은 무엇인가. 너의 기도는 이미 응답받았으니, 이 순간 그 일이 네게 달갑지 않을지라도, 하나님은 너를 쓰신다. 하나님은 인간을 들어 올리기도 하시고 내치기도 하시는 분이다.[◎]

오려나, 오지 않으려나,

기쁨이 커지는 날,

슬픔이 작아지는 날이?°

그리고 마침내 슬픔이 작아지는 날이 왔다. 내게 일어났던 고통스러운 일은 하나님께서 요구하신 것들의 빛 앞에서 아무런 의미가 없기에. 하지만 바로 그 이유로, 그날 기쁨이 커졌음을 느끼기란 참으로 어려웠다.

내가 아닌, 내 안에 계시는 하나님.

성숙이란 또한 새로운 무의식이다— 운명을 온전히 받아들여 자신에게 무관심할 때 비로소 도달할 수 있는 자리.

자신을 하나님의 손에 맡긴 사람은 타인 앞에서 자유롭다. 그의 마음은 열려 있다. 자신을 판단하는 타인의 권리를 기꺼이 인정하기에.

1953년 4월 7일[○]

"하나님 안에 뿌리를 내리고 굳건히 선 이들은 결코 교만할 수 없다. 하나님께서 그들에게 넘치게 주신 모든 은혜를 오로지 하나님께 돌리기 때문에, 서로에게서 영광을 구하지 않으며, 오직 하나님 한 분의 영광만을 바란다."[◎]

나는 그릇. 그 안의 음료는 하나님의 것. 하나님은 목마른 분이다.

도대체 '희생'이란 무엇인가? 그리고 '선물'은 어떤 의미인가? 아무것도 없는 사람은 아무것도 줄 수 없다. 선물은 하나님이 주시는 것, 하나님께 바치는 것이다.

자신의 운명을 받아들인 사람은, 그 소명의 길이 결국 십자가에서 끝난다는 것을 안다. 그 운명이 그를 게네사렛의 환호로 이끄는 것이든, 예루살렘 승리의 문으로 이끄는 것이든.

자유로워지고, 일어서서 전부 내려놓을 수 있게 되는 것— 뒤돌아보지 않고. '**예**'라고 말할 수 있게 되는 것—

믿음 없이는 그 누구도 겸손할 수 없다. 나약함이나 바리새인들의 위선적인 가면은 겸손의 맨얼굴이 아니다.

믿음 없이는 그 누구도 참된 자긍심을 가질 수 없다. 영적으로 미숙한 이들이 부리는 교만의 다양한 변주들은 진정한 자긍심이 아니다.

겸손과 자긍심. 나는 하나님 안에서 아무것도 아닌 미약한 존재나 하나님은 내 안에 계신다는, **이 삶을 살아내는 것**.

삶에 '예'라고 말하는 것은 스스로에게 '예'라고 말하는 것이다.

그렇다— 유혹을 능력으로 바꾸길 꺼리는 성향마저 받아들이는 것이다.

한 인간의 얼굴이 반짝이는 수면 위로 녹아내리는 기묘한 순간, 그 잔잔한 물결 너머로 너는 바닥에 도달하지 않고서도 물속 깊은 곳을 들여다본다. 넌 뛰어들고 싶고, 붙잡고 싶은 유혹에 사로잡힌다. 하지만 물은 잡을 수 없고, 물속에서는 숨을 쉴 수 없다. 한 걸음 더 나아가면 혼란과 방황 속에서 접촉이 무너진다. 너는 사람을 얻었다고 믿지만, 실제로는 그 사람을 잃는다. 너는 인격의 경계를 넘어섰다고 생각하지만, 오히려 자신을 또 하나의 감옥 속에 가둔다.

우리의 가장 건강하고 밝은 인간관계에도 깊은 심연이 도사리고 있다— 어두운 가능성에 시선을 붙잡아 두는 불신에서 비롯한 심연.

풍경은 하나님을 노래할 수 있고, 몸은 영혼을 노래할 수 있다.

성숙함도 마찬가지다. 아이들이 친구들과 자연스럽게 연결되는 순간, 그 순간의 밝고 고요한 놀이.

인간의 친밀함— 흙에 얽매이지 않으면서 흙을 축복하는 것.

내가 이렇게 계속 나아갈 수만 있다면. 더 빠르게, 더 단순하게— 그리고 더 조용히, 더 따뜻하게.

무엇이든 자신을 위한 선택은 결국 스스로에게 아무런 도움이 되지 않는다.

겸손은 타인의 신뢰 속에서 생겨난다.

"—곧 밤이 다가온다."

내게 시작하게 하신 것을 끝맺게 하소서.

열매를 확신할 수 없을지라도 모든 것을 내어드리게 하소서.

잔의 자부심은 그 안의 음료에 있고, 잔의 겸손은 그 섬김에 있다. 그렇다면 잔의 결함이 대수일까?

소금기 어린 바람이 세차지만 따스하고 상쾌하다. 빛나는 사명의 별빛 아래 발을 맞추어 걷는 일. 사람들 사이의 이 엄격하고도 부드러운 조화를 향한 불신 이면에는 얼마나 많은 개인적인 실패가 숨어 있을까.

온몸의 힘을 한 손에 모아 방향타를 움켜쥐고
마음은 오직 지평선 너머의 목표에 집중하며
소금물이 튀어 오르는 순간을 웃음으로 붙잡는다.
새로운 파도가 몰아치기 전—
잠시 주어지는 휴식 속에 순간의 환한 자유를, 그 책임을 나누는 이들과 함께한다.
그리하여— 몰입 속에서 자아가 지워질 때 삶의 친밀함은 신선하고도 완전하게 열린다.

시간을 넘어서서 함께하는 행복은

미소로

손짓 하나를 통해 전해진다.

이것을 가르쳐준 이들에게 감사한다. 이것을 가르쳐준 나날들에 감사한다.

—그리고 나는 보았다. 벽은 처음부터 존재하지 않았음을. '경이로움'은 다른 곳이 아니라 바로 여기 있다는 것을.

'희생' 또한 지금 여기, 항상, 어디에나 있다는 것을. '바친다는 것'은 하나님께서, 내 안에서, 스스로에게 주시는 것임을.

끊임없이 온 힘을 다하는 자만이 어둠 속으로 사라지기 전에 전선戰線에서의 귀환을 희망할 수 있다. 적의 요새는 결코 잠드는 법이 없기 때문이다.

"믿음은 하나님과 영혼의 연합이다."○

믿음이란 그러므로— 우리가 그것을 표현하기 위해 사용하는 형식적인 문구들과는 결코 동일시할 수 없다.

어두운 밤. 믿음의 밤— 그 밤은 너무나 어두운 나머지 믿음을 찾으려는 시도조차 허락되지 않는다. 겟세마네의 밤이다. 마지막 남은 벗마저 잠든 그 밤, 모든 이들이 당신의 파멸을 꾀하고, **침묵 속에서 하나님이** 연합을 완성하시는 밤.

우리가 더 이상 '우리'로서 존재하지 않을 때— 이해당사자도 아니고 잘난 체하는 자Besserwisser도 아닌, 그럼에도 살아 있는 것에 이끌리는 일. 우리 안의 어둠 속에 있는 그 무엇, 그리고 침묵 속에 귀 기울이고 바라볼 수 있는 그 무엇.

내일은 더 어려운 곡을 연주해야 해— 관객들이 흠을 찾기 시작하고, 내가 더 이상 도울 수 없는 내일. 그제야 비로소 너는 진정 무엇을 할 수 있는지 알게 될 거야—

우리는 배신에 책임을 져야 하지만, 노력에 대해서는 어떤 영광도 누릴 수 없다. 인간의 자유란 하나님을 배반할 수 있는 자유다. 하나님은 물론 우리를 사랑하신다. 그러나 그 사랑에 응답할 것인가는 언제나 자신의 선택에 달려 있다!

너의 의무는 어떤 일을 '하는 것'이다. '하지 않는 것'으로는 결코 자신을 구원할 수 없다.

그릇에 금이 갔는가? 네가 그 열을 식혀버린 탓이다.

자유로운 존재로 우리를 창조하신 당신, 모든 것을 지켜보시고— 그럼에도 승리를 확신하시는 당신,

이 순간, 우리 가운데 가장 깊은 외로움을 견디시는 당신,

당신— 그리고 나이기도 한 당신,

나의 시간이 올 때, 부디 이 짐을 내가 감당하게 하소서

부디—

자신을 예외로 여긴다면— "세상을 창조한 그 안식의 신뢰감 속에서 쉴"° 희망은 버려야 할 것이다.

몸. 그것은 어떤 사물도, '그'의 것도, '그녀'의 것도 아니다. 너의 행위나 욕망을 위한 도구도 아니다. 궁극의 벌거벗음으로 드러나는 것. 그것은 바로 인간이다.

의미에 대한 필요성과 더불어, 모든 겉치레를 벗어던진 인간적 친밀함에 대한 필요성도 존재한다. 이것은 능력으로 가득 찬 하나의 닫힌 세계를 경험하는 것, 그리고 의미 있는 선線의 흐름 속에서 펼쳐지는 아름다움을 느끼는 것이다. 우리가 경건히 고개를 숙이게 되는 인생의 신비 앞에서.

피와 진흙, 땀과 흙— 네 의지의 세계에서 이것들은 어디 있는가? 모든 곳에 있다— 곧게 치솟는 불꽃의 뿌리가 되어.

과거의 열매이자 미래를 품은 존재지만, 그럼에도 현재는 언제나 영원의 한가운데에 있다— 시간과 믿음의 영원함 사이에서, 과거와 미래를 향한 자유 속에서 만나는 교차점으로서.

우리 위에 계신 당신
우리 가운데 계신 당신
그리고—
우리 안에도 계신 당신
모든 이가 당신을 볼 수 있게 하소서— 나를 통해서도
내가 당신을 위한 길을 준비하게 하소서
그로 인해 내게 닥치는 모든 일에 감사하게 하소서
그때에도 타인의 고통을 잊지 않게 하소서
나를 당신의 사랑 안에 지켜주소서
당신께서 모든 이가 내 사랑 안에 머물기를 바라시듯이
이 존재의 모든 것이 당신의 영광을 위해 바쳐지게 하소서
그리고 결코 절망하지 않게 하소서

나는 당신의 손 아래 있으며
당신 안에는 모든 능력과 선함이 있으니

순수한 마음을 주소서— 당신을 뵈올 수 있도록
겸손한 마음을 주소서— 당신의 목소리를 들을 수 있도록
사랑하는 마음을 주소서— 당신을 섬길 수 있도록
믿음의 마음을 주소서— 당신 안에 머물 수 있도록.

'경이로움'— 하나님의 손안에 있다는 것.

네 삶에서 유일하게 남은 이 진실을 떠올리게 한다. 그리고 네가 얼마나 더디게 배우는지를 보여주기에, 또다시 실망과 마주한다.

결코 그곳에 도달할 수 없다. 주어진 과제는 이 학교에서 더 좋은 성적을 받는 것뿐. 그 누구의 도움도 받을 수 없는 시험에 다가갈 때가 되면, 그제야 **온전히 홀로** 서게 된다.

확실히, 하나님은 시험하신다. '평등'이라는 이름 아래 하나님의 영광을 드러내는 것 말고 모든 일에서 우리를 유혹하신다. 하나님께서 우리에게 요구하시는 것이 클수록, 태초에 우리에게 주신 인간의 속성은 더 큰 위험에 빠진다. 그러니 지옥문을 여는 열쇠조차 주신 데 감사하라.

> 당신의 시선 앞에서 의로움으로
> 당신의 용기로
> 당신의 침묵 속에서—

"인간은 모든 피조물과 교류하여 유익함을 얻을 것이나, 오직 하나님 안에서만 참된 기쁨을 누릴 것이다."° 그러므로 그 누구도 다른 이에게 영원한 기쁨의 근원이 될 수 없다.

경이로움 안에서 너는 **그 너머 바깥**에 있다. 이 진실을 인지하는 것이 너의 영적 훈련 과정에서 첫 번째 계명이 되어야 한다.

1954년 12월 10일

“**하나님께서 한마디 말씀하실 때** 나는 두 가지를 깨달았습니

다. 힘은 하나님께 속한 것이며

인자하심도 하나님께로부터 나온다는 것입니다. 주여,

당신은 각 사람에게 그 행실대로 갚아주시옵니다.”○

1954년 12월 25일

믿음— 의심하지 않는 것!

1954년 12월 30일

“새벽의 날개 붙잡고 동녘에 가도 바다 끝 서쪽으로 가서 자리

를 잡아 보아도

거기에서도 당신 손은 나를 인도하시고….”◎

"—얻지 못할 것은 전혀 없습니다."○

루미: "신의 연인들은 오직 신을 종교로 삼는다."◎

"마음의 눈이 맑을수록, 영혼은 그 안에서 더욱 강한 능력을 발견한다. … 그러나 완전히 자유롭고 자기 자신을 은밀히 추구하려는 작은 오염조차 없는 순전한 영혼을 찾는 일은 지극히 드물다. … 그러므로 너희 마음의 눈을 정결하게 하여 그 눈이 단순하고 곧도록 힘써라."○

깨끗한 천에 묻은 아주 작은 얼룩도 눈에 잘 띈다. 높은 곳에서는 한순간의 방종self-indulgence이 죽음을 의미할 수 있다.

순수한 사람은 모든 것이 순수하다고 생각한다. 하지만 그것을 오직 방종을 통해서만 얻을 수 있다면, 그에게는 불순한 것이 된다. 여기에 정도의 차이는 없다.

"**이 사람**이 지금 나를 가르치려 든다고?"— 왜 안 되는가? 누구에게서든 배울 수 있다. 모든 사람 안에서 말씀하시는 하나님 앞에서, 너는 언제나 첫 번째 준비 단계에 있는 자다.

자신을 드러낼 때는

겸손함으로, 믿음 안에서, 침묵으로—

그리하여 너는 다시 한번 자신을 선택했다. 그리고 혼돈으로 향하는 문을 열었다. 그 혼돈은 하나님의 손이 네 머리 위에서 머물기를 그칠 때 생겨난다.

한때 하나님의 손 아래 있었던 자가 순수함을 잃었다. 오직 그만이 방종의 무섭고 폭발적인 힘을 안다.

그러나 하나님이 그 안에 계시고, 그가 하나님 안에 있다면, 그에게 주어지는 능력은 자신을 초월할 정도로 강해진다. 보라, 그는 얼마나 강하고 자유로운가. 그가 더는 자기 자신이 아니기에.

믿음의 순교자들이 없었다면, 이성과 사회의 도덕성이 어찌 형성될 수 있었을까? 더 나아가 하나님께 자신을 오롯이 바친 이들로부터 나오는 그 새로움과 힘이 없었다면, 그 도덕성은 시들지 않고 남을 수 있었을까? 심연을 가로지르는 밧줄은 천국에 발판을 마련한 이들에 의해 팽팽히 유지된다. 하나님께 자신을 끊임없이, 온전히 바치는 충실한 믿음을 통해서.

'하나님과 영혼의 연합' 안에서 세상의 소금이 되도록 운명지어진 이들. 그들이 그 짠맛을 잃는다면 얼마나 비참한 일이겠는가.

긍정을 받아들이는 일이 가장 고통스러운 순간. 상황이 너를 막아서는 바람에 결백하여 무방비 상태에 빠진 사람을 온몸으로 변호할 수 없을 때.

일상을 살아가며 오직 하나님 안에서만 실재하고, 하나님 아래에서 실재할 때라야— 그 시詩는 네 것이 되고, 그 예술은 진실한 것이 된다. 네게는 시간을 허비할 새가 없다.

지위는 명령할 권리를 주지 않는다. 네게는 다른 이들이 굴욕감 없이 네 명령을 받아들이도록 살아야 할 의무뿐이다.

과거의 결점과 실수가 현재에 되풀이될 수 있다는 사실이 드러나면, 타인과 관계를 맺을 때 큰 부담이 될 수밖에 없다.

타인의 무관심에도 꺾이지 않는 존엄만이 진짜 존엄이다.

지성의 오만보다 더 용서받기 어렵고 훨씬 더 위험한 것이 믿음의 자만이다. 이는 신앙의 본질, 곧 자기소멸 속에서 이루어지는 일체감을 부정하는 동시에 신앙을 '관찰'하고 가치 있게 여기는 분열성을 보인다. 그것은 평가되는가— 형이상학적인 마법의 주문처럼, 그 효용이 특별히 선택된 이들에게만 허락되어야 할 무엇으로?

기도는 말로 구체화 될 때마다 대화를 이어가기 위한 파장波長을 다시금 붙든다. 심지어 우리의 의식이 다른 목표를 향할 때조차도.

이 두 번째 집을 꾸미는 것은 마치 무덤을 정리하는 것과 같다. 이후로는 그곳에서 다시 **살아갈** 수 없다는 것을 너는 잘 알고 있다.

예전에는 죽음이 늘 곁에 있었다. 이제는 죽음이 식탁에 함께 앉아 있다. 나는 죽음과 친구가 되어야 한다.

내 삶을 이끌어온 아리아드네의 실°처럼, 직관적으로 '되찾아가는' 이 여정에서 한 걸음 한 걸음, 하루하루 나아간다. 이제 그 끝이 내일 당장 마주할 의무처럼 손에 잡힐 듯 가까이 다가온다.

믿음 안에서 '들어라!' 길을 찾고, 하나님의 인도하심으로 그 길을 얻을 수 있노라고 느껴라.

눈을 가린 채 술래잡기하듯 시야를 빼앗긴 대신 온몸의 다른 감각들을 곤두세워 길을 찾고, 자신을 알아보고, 친구들의 얼굴을 손끝으로 더듬으며— 결국에는 이미 내 것이었던 것, 늘 거기 있었던 것을 찾아내듯이. 애초에 눈을 가리지 않았더라면 처음부터 거기 있었다는 것을 알았을 텐데.

꿈속에서. 지난 경험은 과거와 미래의 인과적 연결이라는 현실적인 특징을 지니지만, 그럼에도 오직 꿈에만 속한다.

1955년 7월 29일

토마스: "당신은 일하기 위해 태어났는데, 왜 안식을 구하려 합니까?"°

부끄러움과 감사가 뒤섞인다. 허영과 시기심, 방종에 대한 부끄러움, 그리고 노력 없이 의지로만 얻을 수 있었던 모든 것에 대한 감사.

하나님은 때때로 그분의 일을 통해 우리에게 영광을 돌리시지만, 가끔은 그 영광을 자신의 외로움 속에 간직하신다. 하나님은 우리가 무대 위에서 벌이는 모든 우스꽝스러운 몸짓을 미소 지으며 바라보신다. 우리가 저울의 무게를 속이지 않는 한.

'너의—' 희생 그리고 해방. 결코 '나'를 목표에 두지 않으려는 의지에 따라 살아가는 것.

'봉헌—' 이에 대한 보상이자 대가. 내가 스스로 할 수 없었던 일에 대한 의지에 얽매인다는 것은 그 자체로 가치 있다.

우리는 귀 기울이는 데 서툴고, 눈앞의 글조차 더욱 서툴게 읽는다. 이 사실은 특히 나 자신에 관한 일에서 더욱 뼈저리게 깨닫는다. 그렇다면 너는 너 자신에게도 그만큼 주의를 기울이는가?

1955년 8월 1일

“하나님이 말씀하셨다….”

그리고 그 전에 이렇게 말씀하셨다. “사람들은 숨결에 지나지 않으니, 높다는 것도 실은 거짓말 … 남의 것을 빼앗아 잘 살려는 생각도 버려라.”[○]

“주여, 영광을 우리에게 돌리지 마소서. 우리에게 돌리지 마소서. 다만 당신의 이름을 영광되게 하소서.”[◎]

이 불안감은 무엇인가? 그 원인은 너무나 명확하지 않은가. 은밀히 자신의 영광을 추구했을 때, 너는 더 이상 네 약함을 능력으로 바꿀 수 없었다. 그리하여 너는 시험에 들게 되었고, 믿음에 대한 확신을 잃었다. 그러한 확신은 어떤 종류의 거짓말에도 근거하지 않는 전제에 따르기 때문이다.

아직도 꺼지지 않는 자기애의 잔불을 끄기 위해, 스스로 초래한 굴욕의 기억을 불러내야만 하는가?

자신을 돋보이게 하려는 어조, 영적인 것을 잊고 마음의 쾌락을 은밀히 받아들이는 태도, 타인의 약함 앞에서 스스로 정당화하려는 독선적인 반응. 순수함이란 이 모든 불완전함에서 자유로워지는 것이다.

칭찬받고 싶을 때나 다른 사람을 심판하고 싶을 때, 저

거울 속에 비친 자신을 바라보라. 절망하지 말고 그렇게 하라!

매일 하나님께 순복하는 것만으로는 충분하지 않다. **오직** 하나님 아래에 있어야 한다. 조금이라도 마음이 흩어지면 백일몽, 무의미한 말, 은근한 자랑, 소소한 험담— 그리고 파괴적 충동 같은 하찮은 악의 종자들이 문을 열고 스며 들어온다.

"하지만 어떻게 하나님을 사랑할 수 있을까? 너는 하나님을 신도 아니고, 영혼도 아니고, 사람도 아니고, 형상도 없는 존재로 사랑해야 한다. 오히려 그분은 단순하고, 순수하고, 맑고 명확한 단일의 존재, 모든 이원성을 넘어서는 온전한 '하나'다. 그리고 우리는 이 하나 속에서, 존재로부터 무無로 영원히 남아 있어야 한다. 하나님께서 우리를 도우시기를."°

너는 미개한 의식 속에서, 그 뒤에 숨은 신의 관념을 통해 봉헌된 희생양처럼 이 사명에 바쳐졌다. 비록 그것이 가난하고 보잘것없는 인간의 작품일지라도, 네가 가진 모든 것은 현실에 뿌리를 내린 그 꿈 덕분이다.

그는 새 길을 개척했다. 뒤따르는 이가 있는지, 이해하는 이가 있는지 묻지 않고 묵묵히 나아갈 용기를 지녔기 때문이다. 그는 책임을 나누어 조롱을 피하려 들지 않았다. 그에게는 다인의 확증이 필요치 않은 신앙이 있었기 때문이다.

현실과의 접촉은 사랑하는 이의 손길처럼 가볍고도 강렬하다. 그것은 자기소멸이 아닌 자기헌신 안에서 이루어지는 일체감, 맑고 명확한 감정과 따뜻한 이성이 함께하는 일체감이다. 햇빛과 바람은 이토록 가까우면서 동시에 얼마나 멀리 떨어져 있는가— 그리고 현자들이 신비주의라고 부르는 것과는 또 얼마나 다른가.

의무를 직감한 순간부터 자신을 그 의무에 얽매이도록 허용하는 것. 책임을 감당할 자격을 갖춘 성실성의 한 부분이다.

무게를 지닌 품격은 양보할 때조차 흔들림 없는 단호함을 요구한다. 스스로에 엄격해야 타인에게 관대할 자격이 있다.

“고통으로 표식된 이들, 세상의 고통을 목격한 이들—”[○] 너는 가혹한 시련을 거치지 않고 자유의지만으로도 그들의 의식으로 들어갈 수 있다. 그리고 모든 것을 잃고, 가진 것마저 빼앗길 운명에 있는 사람처럼 세상을 보고 들을 수 있다.

연구자는 최종적으로 확정된 내용을 기록한다. 그의 경험 가운데 오직 독특한 것만이 기록할 만한 가치가 있는데, 그것은 자신과 타인에게 지침과 길잡이를 주기 위해서다. 마치 탐험가가 현지인들의 풍속에 대한 색다른 소견이나 동료들의 약점을 비웃는 촌평을 남에게 맡겨두듯이.

우리도 그래야 하지 않을까?

주어진 역할을 행하기 위해, 정작 자신의 것이 아닌 다른 역할을 연기해야 한다니 이 얼마나 피곤한 일인가. 임무를 완수하려면 네가 진정으로 되어야 할 존재의 모습을 겉으로 드러내선 안 된다. 얼마나 피곤한 일인가. 그러나 인간이 함께 살아온 방식을 생각하면 피할 수 없는 일이기도 하다.

말言에 대한 존중은 인간이 지적으로, 감정적으로, 도덕적으로 성숙해지기 위해 거쳐야 할 훈련의 첫 번째 조건이다.

말에 대한 존중이란 말을 다룰 때 가장 엄격한 주의를

기울이고, 타협 없는 내적 진실에 대한 사랑으로 사용하는 것이다. 이는 또한 사회와 인류의 성장을 위한 필수 조건이기도 하다.

말을 남용하는 것은 인간 자체를 경멸하는 행위다. 그것은 다리를 허물고 샘물을 오염시킨다. 그리하여 우리를 인간이 되어가는 긴 여정에서 뒷걸음질 치게 한다.

"내가 너희에게 이르노니 사람이 무슨 무익한 말을 하든지…."○

1955년 11월 19-20일

나직이 깔린 구름 속에 빛이 꺼져갔다. 하늘에서 떨어지는 눈송이들이 어둠을 삼켰다. 고요한 나뭇가지들은 나를 감싸며 평온함을 건넸다. 경계가 사라질 때 다시 찾아든 경이로움. 바로 **내**가 존재한다는 사실.

'사람들과 더불어 일치를 위해 나아가는 길에 대하여?' 진실은 너무나 단순해서 오히려 거만하고 진부하게 들린다. 그럼에도 진실은 날마다 행동 속에서 부정된다. 나날의 삶이 그 증거다.

> 자신의 동기를 깨닫는 것이, 타인의 동기를 이해하는 것보다 더 중요하다.
> 타인의 '체면'이 너 자신의 체면보다 더 중요하다.
> 만약 너 자신을 위해 무언가를 구한다면, 남을 변호하는 데서 성공을 기대할 수 없다.
> 지속적인 해결은, 타인을 제삼자의 눈으로 바라보는 동시에 그의 고통을 내적으로 함께 겪을 때만 바랄 수 있다.
> '사람을 좋아하는 이'는 사람을 경멸하는 이를 이긴다.
> 모든 체험된 지식은 가치 있다. 그리고 추구하기를 멈

춘 이는 진정으로 필요한 것을 잃어버렸음을 곧 깨달을 것이다. 굳어 있다는 것은 약하다는 뜻이다. 새로운 언어를 사용하며 타인의 세상에 빛을 비추려는 순수하고 젊은 여망 없이, 사람과 예술과 시에 접근하는 사람은 조심해야 한다. 성공한 거짓말은 두 배의 거짓을 담고 있으며, 하나의 고쳐진 실수는 진실보다 더 무겁다. 오직 타협하지 않는 '정직함'만이 네가 기대하는 인간됨의 마지막 경계에 이르도록 할 것이다. 심지어 깊은 악 속에 있다 하더라도 말이다.

유연함이 공격에 대한 두려움을 뜻해서는 안 되며
실체의 영향력을 포기하면서까지 외양을 좇아서도 안 된다.

언제나 도망치며,

언제나 **기다린다**.

내가 나의 것을 마주할 때 준비된 상태로—

비밀스레 이어진 이미지와 이미지들—
창조하거나 파괴하는 것들처럼, 꿈같은 삶 속에서.
시처럼.

우리 각자의 차이를 감당할 용기Le courage de nos différences. 서로의 다른 점을, 책임감을 바탕으로 한 겸손과 자긍심 속에서 인정하는 것. 인류는 '새로운 이들' 속에서 배신당하거나 구원받는다.

아무리 왕성히 활동해도 그 누구와도 진정으로 '가까워' 본 적 없는 사람에게서는 비현실감이 전해진다. 옛이야기에서 짐승이나 혼령으로 변해버린 자는 자신이 아닌 타인을 향한 사랑을 통해서만 인간의 모습으로 되돌아올 수 있다.

당신이나 다른 누구와도 나눌 수 없는 질투 어린 꿈. 인류의 가장 위대한 것— 인류에 대한 꿈.

그 인류의 꿈속에서 개개인이 품을 수 있는 가장 위대한 꿈— 바로 자신을 온전히 잃는 것.

그리하여 죽음이든 수치든 기꺼이 받아들일 수 있다.

그리고 우리는 얼마나 쉽게 용서할 수 있는가.

"당신께서는 기적을 베푸시는 하나님, 그 크신 힘을 만방에 알리셨습니다."[ㅇ]

인정받고자 하는 병— 심지어 그 병에 걸렸음을 스스로 인지할 때조차도.

황야의 샘물가에 홀로 서서, 너는 다시 외로움을 마주한다— 늘 그랬듯이. 타인의 존재가 잠시나마 가렸을지라도 그것은 늘 그 자리에 있던 외로움이다.

하지만 샘물은 여전히 살아 있다. 망을 보는 너의 임무도 계속된다.

한 사다리에서 다른 사다리로 옮겨 타는 일만큼 쉬운 것도 없었다— 그 사이가 낭떠러지일지라도 말이다. 하지만 너는 꿈속에서 실패했다. 추락 가능성을 실제로 느끼는 바람에.

알라딘— 그것은 결코 과하지 않았네, 기쁨을 주는 이여. 아무리 많은 대가를 치렀어도 거리의 사람들은 그것을 그저 '성공'이라고 불렀다.

사물의 지속성 앞에서, 우리의 소유욕은 냉소적인 논평에 불과하다.

1955년 12월 24일

"하나님, 당신은 나의 하나님—
물기 없이 메마른 땅덩어리처럼 … 당신을 그리면서 성소에 왔사오며 당신의 힘, 당신의 영광을 뵈옵니다."○

과거로부터 뒤늦게 그 깊이를 깨달은 두 번의 섬광.

감각을 통해 왔지만
감각 너머에 있었고,
가까우면서
동시에 부재했던 것.
시선은 조심스러운 스침,
흔적 없는 눈맞춤.

그리고

사랑하는 이는 사랑받는 이가 완전해지기를 원한다. 그러나 결국, 사랑받는 이는 사랑하는 이에게 해방을 요구한다.

하나님은 우리의 독립을 원하신다. 그리고 우리가 스스로 독립하려는 노력을 멈출 때, 우리는 다시금 하나님의 품 안으로 '떨어진다.'

1955년 12월 25일

"그러나 그들이 이처럼 하나님을 맛볼 때 그것이 하나님 그 자체이든 혹은 하나님이 창조한 작품을 통해서든, 창조물과 창조주 사이 그리고 시간과 영원 사이에는 무한한 간극이 있음을 깨닫는다. … 그러니 주여, 제 영혼을 비추소서. 그리하여 제 영혼이 당신 안에서 생명과 기쁨을 발견하게 하소서. 기쁨이 넘쳐 나를 잊고 당신께 온전히 매달리게 하소서."°

당신이 펜을 들면— 선들이 춤을 춥니다. 당신이 플루트를 들면— 음들이 반짝입니다. 당신이 붓을 들면— 색들이 노래합니다. 그러면 모든 것이 당신이라는 시간 너머의 공간 속에서 의미를 얻고 아름다워집니다. 그러니 제가 어찌 당신께 무언가를 숨길 수 있을까요.

나는 꿈속에서 하나님과 함께 존재의 심연을 걸었다. 뒤로 물러서는 벽들, 열리는 문들, 침묵과 어둠, 서늘함이 감도는 방들을 하나씩 지나고— 영혼의 친밀함과 빛과 온기가 함께 머무는 공간들을 지나— 마침내 하나 되어 흐르는 무경계의 공간에 이르렀다. 떨어지는 물방울이 고요하고 어두운 너른 수면에 남기는 동심원 같은, 그 안에서 우리는 함께 존재해 왔다.

그 선물은 너를 불태웠으니, 주는 사람의 능력을 벗어난 것이 틀림없다. 그리하여 너를 사르듯 아프게 했는데, 그 선물은 '계산된' 배려에서 나온 게 아니라 피할 여지도 없이 네 안에 자리한 자기만족과 세속적인 차가움을 적나라하게 드러낸 것이다. 아무리 작은 선물을 줄 때도 모두 주려는 **의지**가 있어야 한다.

그의 '허세'에 네가 짜증을 낸다면, 그것은 곧 너 자신의 수준이 된다. 그가 커지고 네가 작아지는 것은 **마땅한 일이다**. 상대를 잘 골라야 한다. 네게는 가짜를 기억할 여유가 없다. 상대가 진짜라면 긴장 없는 경쟁 속에서 그들을 **도우라**. 그것이 바로 너 자신을 돕는 일이다!

받아들이는 자로 남기— 겸손함에서 생겨나는 것. 네 안의 부드러움을 지키기 위해.

받아들이는 자로 남기— 그리고 감사하기. 그러기 위해 보고, 듣고, 이해할 것—

인간성의 가장 깊은 인과 구조에서는 야망의 높이로 타락의 가능성을 가늠할 수 있다.

아직 이름 없는 어떤 소명의 부름에 귀 기울이는 자에게는 외로움이 법이 될 수 있다. 그런 외로움도 육체의 결합보다 더 깊은 차원의 연대를 품을 수 있지만, 너의 몸은 결코 그런 식의 속임수를 받아들이지 않는다. 운명의 부름에 따르기 위해 네가 몸의 요구를 거부한다면 몸은 반드시 그 대가를 찾으려 할 것이다— 너의 의지나 선택과는 무관하게.

과업은 우리가 찾기 전에 먼저 우리를 찾아온다. 그러므로 너는 **준비된** 채 기다리는 충실한 사람이 되어야 한다. 그리고 마침내 그 요구를 마주하면 행동하라.

갖가지 상황에 직면할 때, 가장 깊은 진지함은 오히려 우호적인 거리감으로 표현된다. 인간적인 일에 헌신하나 추구할 것도, 지킬 것도 없는 이들에게서 기대되는 모습.

폭력— 크든 작든, 쓰라린 역설을 드러내는 것. 죽음에는 의미가 있을 수 있지만, 죽이는 일에는 의미가 없는 것과 마찬가지다.

햇살과 고요함. 옥색 바닷물 아래 산호초 위에서 노니는 수중 괴물들이 보인다. 두려움이 이는가? 아니면 수면 아래 있는 것들이 거친 파도에 가려 보이지 않을 때 오히려 더 안심하는가?

너는 그 스스로가 도달하지 못한 깊이까지 그를 들여다보았다. 그리고 그가 자기 존재의 밑바닥을 보았다면 절대 받아들이지 않았을 말로 표현하고 있다!

그 '신비로운 경험.' 그것은 언제나 **지금**, **여기**를 의미한다. 거리감을 동반한 자유와 고요함으로부터 태동한 침묵 속에서. 그러나— 그 자유는 행동 속의 자유이며, 그 침묵은 사람들 사이의 침묵이다. 신비는 세상 속에서 자신에게 자유로운 이에게 항상 실재하며, 긍정적인 수용 속에서 평온한 성숙 가운데 현실이 된다.

우리 시대에 성화聖化에 이르는 길은 반드시 행동을 통해서만 가능하다.

"모든 것을 얻으려면 모든 것을 내어주어야 한다."○

당신 **앞에**, 아버지여.

의와 겸손으로 나아갑니다.

당신과 **함께**, 형제여.

충성과 용기로 동행합니다.

당신 **안**에서, 성령이시여.

고요함 속에 머뭅니다.

나는 **당신의 것입니다**. 당신의 뜻이 곧 나의 운명이기에,

봉헌되었습니다. 당신의 뜻대로 사용되고 소진되기 위해.

요즘은 자꾸만 추억을 되새긴다. 그러다 문득— 모나리자의 미소가 떠올랐다.

그때, 그녀가 세상을 떠나고서 몇 시간 후에 나는 그 미소를 보았다. 그 안에 담긴 비밀스러운 통찰, 고요한 확신, 가만한 행복을.

나는 보았고, 그 미소가 전하려는 메시지를 어렴풋이 이해했다고 믿었다.

'성공'을 통해 이제 잃을 것이 생겼다. 그래서— 갑작스레 위험을 감지한 것처럼, 너는 자문한다. 과연 네가 (아니 그 누구라도) '성공'할 수 있을지를. 만약 지금처럼 무심코 자신의 모습을 미래의 평판 속에 반추하기 시작한다면, 너는 네 묘비에 새길 글이 될 것이다— 이중적인 의미에서.

할 수 있는 일을 다하라— 그러면 과업은 네 손에 쉽게 맡겨질 것이다. 그렇게 가벼워진 손으로, 너는 다가올 더 어려운 시험을 오히려 기대하며 나아갈 수 있을 것이다.

아침의 찬란함이 한낮의 피로로 바뀌고, 다리 근육이 긴장 속에 떨리며, 길이 한없이 멀게만 느껴지고, 갑자기 모든 것이 뜻대로 되지 않는다고 생각할 때— 그럴 때 망설여서는 **안 된다**.

용서란 깨진 것이 온전해지고, 얼룩진 것이 깨끗해지는 기적을 바라는 어린아이의 꿈에 대한 응답이다.

바로 이런 의미에서, 우리는 용서를 구하고 또 베풀어야 한다. 하나님을 체험하는 그 순간 그분과 우리 사이를 가로막는 것은 전혀 없으며, 이것이야말로 우리가 용서를 받는다는 의미다. 그러나 우리가 하나님을 체험하려면 다른 사람과 우리 사이를 가로막는 것도 없어야 한다.

우리를 시험에 들게 하지 마시고,
다만 악에서 구하소서.
내 안의 모든 것이 당신을 섬기게 하시고,
그리하여 나를 두려움에서 해방하여 주소서.

당신이 '예'라고 말하는 그 순간— 삶은 하나의 의미가 된다.
당신이 그 '예'를 반복할 때— 모든 것이 의미를 얻게 된다.
모든 것이 의미를 지닐 때, 어찌 삶이 **'예'**라는 응답 외에 다른 것이 될 수 있겠는가.

1956년 3월 21일

"그때에 비느하스가 나서서 법으로 다스리자 비로소 재앙이 물러갔으니 이 일이 그의 공로로 인정되어…."○

오직 믿음으로만 의롭게 되는 행위들은 '권세와 능력'의 싸움이 벌어지는 새로운 차원으로 우리를 끌어올린다. 은총에 의한 그 행위들 안에서 **모든 것**은 노력의 결과다.

"당신의 거룩한 삶이 바로 우리의 길이며, 당신의 인애하신 인내는 바로 우리가 당신께로 나아가는 여정의 길입니다."◎

1956년 3월 29일

"그들은 죽기까지 자기들의 생명을 아끼지 아니하였도다."○

더 나아가

"그러나 용서하심이 당신께 있사오니 이에 당신을 경외하리이다."◎

그럼에도, **또 그렇기에**, 겟세마네.

1956년 3월 30일

세 번째 시각. 그리고 아홉 번째— **지금**이다. 바로 **지금**. 지금 이 순간! "예수는 세상 끝날까지 고뇌 속에 계실 것이다. 그러므로 그 시간 동안 우리는 잠들어 있어서는 안 된다."○

잠들어선 안 된다. 그리고 그것은 깨어 있는 자에게 멀리 있지만 동시에 지금 여기 있다. 그분의 고난은 여전히 이어지고 있다. 내면의 표식을 따라 끝까지 걸어간 그 누군가의 안에서 예수는 매 순간 죽어가고 있기 때문이다.

사랑과 인내,

의로움과 겸손,

신의와 용기,

그리고 고요함.

1956년 4월 8일

“우발적이고 비본질적인 의지가 있고, 운명적이고 창조적인 ‘습관적’ 의지가 있다. 하나님은 결코 낯선 의지에 자신을 내어주지 않으신다. … 하나님은 오직 당신의 뜻이 머무는 곳에만 자신을 내어주신다.”○

1956년 4월 22일

이해하라— 고요함을 통해
행하라— 고요함에서
얻으라— 고요함 안에서.
“눈이 색을 인식하려면, 먼저 색에서 벗어나야 한다.”◎

하나님의 사랑으로 삶과 사람을 사랑한다는 것— 그 무한한 가능성을 위하여,

그분처럼 기다리고

그분처럼 판단하되

심판하지 않으며

명령이 주어질 때는 순종하고

절대 뒤돌아보지 않는다면,

그때 그분은 너를 쓰실 수 있다. 어쩌면 지금도 너를 쓰시는지 모른다.

그리고 그분이 너를 쓰시지 않더라도, 그분의 손안에 있는 모든 순간은 의미를 얻고 숭고함과 빛, 평화와 일관성을 지닌다.

이 관점에서 '하나님을 믿는다'라는 것은 곧 자기 자신을 믿는다는 뜻이다. 그만큼 자연스럽고 그만큼 '비논리적이며' 그만큼 설명 불가능하다. 내가 존재한다면 하나님도 존재하신다.

"복받은 영혼은 모든 이에게 공통된 자아 속에서 찾을 수 있다."○

시詩는 모든 행위와 마찬가지로 시를 쓴 이의 인격적 표현으로 평가되어야 한다. 이는 미학적 기준에 따른 '완성도'의 평가, 그리고 가장 깊은 생生의 반응과의 일치성이라는 본질적 측면을 고려하는 것이며, 둘 중 무엇도 배제할 수 없다.

"**바람**이 임의로 불매…

성령으로 난 사람도 다 그러하니라."[○]

"**빛**이 어둠에 비치되

어둠이 깨닫지 못하더라."[◎]

바람처럼. 바람 안에서, 바람과 함께, 또 바람**으로부터**. 마치 돛처럼— 가볍고도 강하여, 비록 세상의 무게에 짓눌린다 하더라도, 바람의 모든 힘을 모으되 그 흐름을 방해하지 않는다.

빛처럼. 빛 속에서, 빛에 의해 투명해지고, 빛으로 변하는. 마치 렌즈처럼— 빛을 모아 다시 힘을 발하고 그 빛 속에서 스스로 사라진다.

바람처럼. 빛처럼.

오직 이것들처럼. 이 광활한 대지 위, 이 고요한 높은 곳에서.

오르무즈드가 아리만과 싸움을 시작한 경기장에서, 그는 개들을 쫓아내는 데 시간을 허비하고 있다.°

성공을 기뻐하는 것과 그 성공을 마땅히 여기는 것은 전혀 다르다. 기쁨조차 스스로에게 금하는 자는 위선자이자 삶을 부정하는 자이고, 성공을 자신의 소유인양 즐기는 자는 아직 어른이 되지 못한 아이일 뿐이다.

목표를 향한 순종 너머에는 두려움으로부터의 자유가 있다. 두려움 너머에는 열린 마음이 있다.

그리고 그 너머에는 사랑이 있다.

그리고 그다음은? 왜 묻는가? 다음에는 또 다른 과제가 기다릴 텐데. 너는 안다. 그 과제를 판단하는 유일한 기준은 자기 자신이라는 것을.

자기방어를 위해— 시스템 구축자에 대항하여.

너의 개인적인 삶은 지속적이고 구체적인 의미를 지닐 수 없다. 그 삶이 어떤 의미를 지니려면 오직 '지속되는 것', 스스로 '의미'를 지닌 무언가에 포함되고 복속되어야 한다. 그렇다면 그 '지속되는 것'이란 우리가 '삶'이라는 말을 통해 객관화하려는 그것인가? 너의 삶은 그 '삶'이라는 전체 속에 포함되는 일부로서 의미를 지닐 수 있을까?

'삶'은 존재하는가? 시도해 보면 알 것이다. '삶'이 현실임을. 이 삶이 진실로 '의미'를 지니는지 알고 싶은가? 그렇다면 삶을 현실로써 체험해 보라. 삶을 현실로 체험하면 그 질문 자체가 무의미하다는 걸 알아차릴 것이다.

'시험해 보라'. 단 하나의 **조건 없는** 삶에 복속되어 몸을 던져 보라. 도전에 직면할 때는 용기를 내라. 오직 그 도전의 빛 안에서만 갈림길을 분명하게 볼 수 있으니. 그러면 자신의 개인적 삶에 등을 돌릴지 말지를 한 치의 주저함 없이 선택할 수 있을 것이다.

그 '틀 안에서' 살 때 알게 될 것이다. 더 이상 '무리 속에서' 살아야 할 필요 없이 자유로워진다는 것을.

알게 될 것이다. '삶'에 복속된 상태에서는 삶을 실현하는 외적인 틀에 상관없이 삶이 전적으로 의미를 유지할 수 있다는 것을.

알게 될 것이다. 끊임없는 작별과 매 순간 자신을 비우는 데서 오는 자유가 현실에 대한 체험을 더욱 맑고 날카롭게 만든다는 것을— 그리고 그것이 바로 자기실현이라는 것을.

알게 될 것이다. 복속은 의지의 행위이고, 그것은 끊임없이 되풀이해야만 보전할 수 있으며, 우리 각각의 자아가 다시 중심이 되는 순간 깨져버린다는 것을.

'위대한 헌신'은 일상의 헌신보다 훨씬 쉬운 일이다. 하지만 그 위대함이 일상의 헌신에 마음을 닫게 만들기도 한다. 그리하여 가장 고귀한 희생의 의지조차 위대한 영웅의 냉혹함으로 변질될 수 있다.

너는 당치 않은 인정과 칭찬에도 흔들리지 않는다고 믿었다. 하지만 그것은 애초에 스스로 당연하다 여길 것이 아니었다. 설령 유혹에 빠져 그것을 당연시했다 해도, 실제로 일어난 일들은 도저히 정당화할 수가 없었다. 너는 흔들리지 않았다고 믿었다. 그러나 한순간, 다른 사람의 유치하기 짝이 없는 '눈에 띄려는 시도'에 질투심이 솟구쳤고, 그 순간 너의 자기애가 낱낱이 드러났다.

마음의 완고함, 그리고 그 옹졸함에 대하여— 내 삶이 써 내려가는 책을 눈뜨고 읽게 하소서. 그리고 그로부터 배우게 하소서.

1956년 6월 4일

"말씀 한마디에 모든 것이 생기고 한마디 명령으로 모두 제자리를 잡았다."°

1956년 6월 10일

의미 있는 '용기'란 얼마나 빈약한가. 그에 비해 아무런 반사적 계산도 없는 정신이 가장 초라하고 가장 모욕적인 시험 앞에서 보여주는 조용한 용기는 얼마나 큰가.

의미 있는 '용기'를 지닌 상황에서 시험받는 사람, 어쩌면 외적인 보상까지 주어질 만한 그런 자리에서 시험받는 자는 얼마나 큰 은혜를 입은 사람처럼 보이는가! 그러나 그는 자신 안에 있을지 모를 약함에 대해 얼마나 무지하며, 또한 시야를 가리는 자기만족에 얼마나 쉽게 사로잡히는가.

'믿음은 망설이지 않는 것이다.' 또한 의심하지 않는 것이다. '믿음은 하나님과 영혼의 연합이다.' 그렇다. **그 안에는** 하나님의 전능이 영혼을 **통해** 역사한다는 확신이 있다. 하나님께는 모든 것이 가능하다. 믿음은 산도 옮길 수 있기 **때문**이다.

'위대한 일'은 '작은 일'을 너무 쉽게 흐려 놓는다. 그러나 삶 속에 함께 연결된 사람들과의 관계에서 겸손과 따뜻함을 갖추지 않는다면 다수를 위해 아무 일도 할 수 없다. 너는 결국 자신의 독선주의, 권력욕, 파괴충동을 압도하는 유일한 맞수인 사랑 없는 추상적인 세상에서 살아가게 된다. 사랑은 어떤 대상을 특정하지 않고도 흘러나오는 힘이며, 자기를 비움으로써 분출되는 자연스러운 힘이다. 그러나 그 사랑도 인간적 친밀감을 위한 노력과 따뜻함 아래 굴복하지 않으면 그저 비인간적인 자기과시의 형태로 남을 뿐이며, 너의 내면에 자리한 어두운 충동 앞에 무력해질 것이다. 온 마음을 다해 단 한 사람에게 선善을 행하는 것이 '전 인류를 위해 자신을 희생하는 것'보다 낫다. 이 둘은 성숙한 사람에게 양자택일의 사항이 아니라, 오히려 서로를 지지하고 하나로 통합하여 자기실현을 이루어내는 한 방법이다.

한 사람이 온 국민을 위해 죽는 것이, 온 국민이 멸망하는 것보다 낫다.°

"자기 내면을 명확히 들여다보고, 변명 없이 **행동하는** 힘을 지닌 자는 숙명에 도달할 수 있을 것이다."◎

용기? 오직 자신에게 충실한가가 유일한 기준인 차원에서는 그 단어조차 의미를 잃는다. "그는 용감했던가? —아니, 그저 논리적이었다."

“파수꾼이여, 밤이 어떻게 되었느냐? 파수꾼이여, 밤이 어떻게 되었느냐? 파수꾼이 이르되 아침이 오나니 밤도 오리라.”[○]

“여호와께서 이르시되 내가 만일 소돔 성읍 가운데에서 의인 오십 명을 찾으면 그들을 위하여 온 지역을 용서하리라. … 주는 노하지 마옵소서. 내가 이번만 아뢰리이다. 거기서 십 명을 찾으시면 어찌하려 하시나이까? 이르시되 내가 십 명으로 말미암아 멸하지 아니하리라.”[◎]

“너희를 넘겨줄 때에 어떻게 또는 무엇을 말할까 염려하지 말라. 그때에 너희에게 할 말을 주시리니, 말하는 이는 너희가 아니라 너희 속에서 말씀하시는 이 곧 너희 아버지의 성령이시니라.”[○]

궁극의 체험은 **단 하나**다.

“하늘 아래서 가장 절대적인 진실성만이 타고난 재능을 완전히 꽃피우고 본성의 잔을 비울 수 있다. 자신이라는 잔을 완전히 비워낸 자만이 타인의 본성을 완성으로 이끌 수 있다. … 이 정화淨化의 행위는 한계가 없다. … 그것은 멈추지 않으며, 멈추어지지도 않는다. 그것은 저 높은 곳, 태양과 함께, 무無의 세계에서 보고 판단하며, 시간과 공간을 넘어 끝없이 탐색하고 인내하며 존재한다. … 그것은 보이지 않으나 조화를 이끌고, 움직이지 않으나 변화를 만들고, 흔들리지 않으나 완성을

이룬다."○

자사子思의 말이다. 에크하르트가 아니라.

Semina Motuum(움직이는 것들의 씨앗).◎ 형태를 빚어내는 그 힘은 우리 안에서 '의지'가 되었다. 그러나 우리가 나무처럼 아름답게 자라나기 위해서는 그 창조적 의지가 다시 본능이 되는 통합의 고요함에 이르러야 한다. 이것이 바로 에크하르트가 말한 '익숙해진 의지gewöhntes Wollen'다.

> "자신의 마음을 똑바로 들여다보기—"
>
> (우리가 아버지의 형상이라는 거울 안에서 할 수 있는 일)
>
> "사람들이 성장해 가는 모습을 애정 어린 눈으로 지켜보기—"
>
> (아들의 길을 따름과 같이)
>
> "완전한 공평함 속에서 안식하기—"
>
> (성령의 교제 속에서 그러하듯)○

삶의 궁극적 체험이 하나로 통합되듯, 윤리도 그에 상응하는 하나의 중심으로 모여든다. 공자의 세계관에도 삼위일체에 해당하는 삶의 세 가지 원리가 있다.◎

모든 것을 아는 이의 사랑으로

영원이 '지금 이 순간'인 이의 인내로

결코 배신한 적 없는 이의 정의로

모든 배신의 가능성을 겪어본 이의 겸손함으로.

1956년 7월 29일○

1956년 8월 16일

"그러나 나는 살아생전 이 땅 위에서 주님의 은덕을 입으리라 믿습니다.

주님을 기다려라. 마음 굳게 먹고 용기를 내어라."◎

"그러나 하나님 외에 그 어떤 것도 너를 위로할 수 없을 때, 진실로 하나님께서 너를 위로하실 것이다."○

"'숨어 계신 하나님'의 빛을 지닌 비극적 인간은 더 이상 적당히 살아갈 수 없다. 그는 오직 하나의 진실만을 요구하는, 끊임없는 긴장의 삶 속에 들어서야 한다."◎

"이 절대적인 진실성을 구하는 과정에서, 사람은 때때로 다가올 일을 미리 아는 데까지 이를 수 있다."○

"나는 내 환자의 몸을 고치러 갈 수 없다. 그러나 나는 내 직업을 제쳐두고 그의 영혼을 위해 하나님께 부르짖는다."

"우리는 외부에서 찾는 경이로움을 사실 우리 안에 지니고 다닌다."◎

모호하고 다의적인 문장들. 그 안에 하나님의 나라를 구하는 자가 수행하는 **모든 일**의 진실이 담겼으므로.

1956년 8월 26일

불안, 불안, 불안—

그 이유는

기회가 너에게 창조의 의무를 전하고, 너는 나날이 그 순간의 요구를 충족시키며 만족해하기 때문이다.

또한 타인의 인정을 갈망하고, 그들이 얻을지 모를 '영예'에 질투하며, 네가 행한 일들과 너의 존재가 어떤 운명을 맞이할지를 궁금해하는 그 낮은 자리까지 자신을 끌어내렸기 때문이다.

사람이란 겉으로는 탁월함, 의무에 대한 충실함, 야망을 드러내면서도 그 이면에서는 죽어 있을 수 있다. 그러니 불안을 찬미하라. 그것은 아직 생명이 남아 있다는 징표이므로.

너는 그에게 두 번이나 부당하게 굴었다. 비록 네가 '옳았다' 해도.

아니, 더 정확히 말하면, 네가 옳았기 **때문에** 스스로 의로움을 내세우고서 그가 한 걸음 내디딜 때마다 비틀대며 아파하는 그 땅 위를 사려 깊지 못한 권위적 독선 속에서 무심히 지나갔던 것이다.

"충실함과 용기를 가지고, 당신과 함께."

아니 — "**자기절제**, 충실함, 그리고 용기로 함께해야 할 것이다."

1956년 8월 30일

E. L.°: "죽음을 붙잡아라!" 모든 신앙적 논쟁을 넘어선 외침으로.

'죽음을 붙잡아라.' 그것은 네가 섬기는 하나의 **사상**이다. 이 사상은 반드시 승리해야 한다. 인류가 그 이름에 값하여 살아남으려면.

너의 피를 요구하는 것은 그 사상이지, 지금의 이 역사 속에 불완전하게 구현된 체제가 아니다.

네가 승리하고자 온 힘을 다해 밀어야 할 것은 이 사상이지, 지금 네게 공식적인 책임과 실행의 기회를 부여하는 인간의 체제나 조직이 아니다.

그런 통찰 속에서라면, 오해받은 결정에 대한 비판이나 '이상주의'에 대한 조롱 혹은 겉으로 보기에 인생을 건 듯한 일에 대한 '사망 선고'조차 그저 웃으며 넘길 수 있어야 하지 않겠는가.

하지만 정말 그런가? 아니다. **너 자신**이 타인의 동기를 전혀 알지 못하면서도 그들을 향해 보이는 저급한 반응은, 너의 노력에 제기되는 초라한 해석들이 정당한 방식으로 네게도 쉽게 상처를 주도록 조장하기 때문이다.

오직 하나의 차원에서만 너는 너 자신이 될 수 있다. 오직 하나의 길을 따를 때만 자유롭다. 오직 하나의 지점에서만 너는 시간 바깥에 존재할 수 있다. '일요일에 태어난 아이'°의 진정한 행복이란 바로 이것이다. 자신의 운명을 바로 그 지점에서, 그 길을 **따라**, 그 차원 **위에서** 마주한다는 것.

오늘, 거울 속에서 마주한 두 가지 모습.

명예욕으로 가득한 사람. 흠인가 싶지만, 자칫하면 교만이나 자기연민으로 넘어간다!

기쁨 없는 사람. 주변인의 마음도 무겁게 만든다.

긴장은 풀렸으되 진정되지 않은 상태에서 공허함을 들이마시면, 육체의 욕망이 영혼의 외로움을 파고든다

이른바 '성공한' 사람들, 확신에 찬 이 사람들은 성공과 책임이라는 번쩍이는 갑옷을 입고 당당히 우리 곁을 오간다. 그들을 보면 왜 마음이 불편한가? 그들의 승리를 개의치 말라— 오직 그들만의 무대에서나 통하는 승리일 뿐!

통찰도, 감정도, 열망도 저급해진 무겁고 탁한 인간성의 유체 속에 잠겨 살아가는 일. 조심하라. 그 안에는 깊이 가라앉아 익사하는 것, 그리고 수면 위로 떠오른 채 부유하는 것의 두 가지 위험이 있다. 즉 인간다움의 수면 아래에 머무르며 흐릿한 상태를 그저 받아들이는 위험, 그리고 '우월감'이라는 진공 속에 머무르며 자신의 잣대만을 지키려 드는 위험이다.

진실로 그 위험에서 자신을 구할 최소한의 조건은 '사랑과 오래 참음, 의로움과 겸손'이다.

1956년 11월 1-7일

"누운즉 마음 편하고 단잠에 잠기오니 내가 이렇듯 안심하는 것은 다만 당신 덕이옵니다."○
"고요하게 주님 안에 지내라. … 불평하지 마라. 자신에게 해로울 뿐이다."◎

매 순간이

이 사랑과

눈을 마주하는 시간.

모든 것을 보되

인내로써

넘어가고

그 인내가 곧 정의인 사랑

그러나 심판하지 않는 사랑.

단지 우리의 시선이

겸손 속에서

그 사랑의 눈빛을 그대로 비춰낼 수 있다면.

루시퍼가 천사의 길에서 이루어낸 것들을 자랑하자 그는 악의 도구가 되었다.

우리의 손가락은 알지 못하는 사이에 이끌려 실을 잣고 무늬를 짜낸다.

1956년 11월 17일

내 좌우명을 묻는다면

Numen semper adest.(신의 뜻은 늘 존재한다.)

그러니 불안해할 이유가 있을까?

손이 해낸 일로 칭찬받을 때, 도구는 얼마나 겸손한가.

불의로는— 결코 정의에 이를 수 없다.

정의로는— 결코 불의에 이를 수 없다.

누군가가 너의 손에 무늬를 짜는 도구를 맡겼다. 누군가는 실타래도 준비해 두었다.

1956년 11월 25일

"삶을 전부 내어주지 않았다면,

아무것도 주지 않은 셈이다."○

포크너, "결국 우리에게 남는 것은 담벼락에 '킬로이 다녀감' 이라 새기고자 하는 욕망이다."○

최후의 적진. 우리는 자신을 넘어서는 더 큰 무엇에 한 몸을 바칠 수 있다. **그럼에도** 우리의 선택이 우리 이름과 함께 기억되기를 바라거나 최소한 우리가 왜, 어떻게 행동했는지를 미래가 이해해 주기를 바란다. 실패한 헌신 앞에서 느끼는 씁쓸함은, 그 실패가 우리의 노력 자체를 잊게 만드는 데서 생겨난다.

오, 이 모순이여! 오, 마지막 저항이여! 오직 목적만이 희생을 정당화할 수 있다면, 그 희생이 이름과 함께 기억되기를 바라는 마음에 어찌 조금이라도 무게를 둘 수 있단 말인가. 바로 여기서 드러난다. 너의 행동은 아직도 '기억되고자 하는 헛된 꿈'에서 벗어나지 못하고 있다는 사실이.

답은 자명하다.

"나는 우리가 품위를 지닌 채 죽어야 한다고 믿는다. 그러면 최소한 그 품위만은 살아남을 것이기 때문이다."◎

거룩히 여김을 받으소서, 당신의 이름

나의 이름이 아니라,

임하소서, 당신의 나라

나의 나라가 아니라,

이루소서, 당신의 뜻

나의 뜻이 아니라.

우리에게 주소서, 당신과의 평화를

사람들과의 평화를

우리 자신과의 평화를

그리고 우리를 두려움에서 벗어나게 하소서.

"어깨를 당당히 펴게 해주셨다. 하나님께서 이렇듯이 나를 사랑하셨다.

주께서는 내가 바르게 산다고 상을 내리시고 내 손에 죄가 없다고 이렇게 갚아주셨다."○

그리고 다시

"그러나 용서하심이 당신께 있사오니 이에 당신을 경외하리이다."◎

1956년 12월 24일

너 자신의 노력으로 '이룬 것'은 없다. 오직 하나님만이 이루셨다. 다만 하나님이 그 일 속에서 너의 노력을 사용하셨다면 기뻐하라.

네가 한 일이 '필연적'이었다고 느꼈다면, 그 또한 기뻐하라. 그렇게 느꼈다 하더라도 너는 단지 도구라는 걸 깨달아야 한다. 그분은 너를 통해 자신의 목적을 위한 전체 속에 작은 조각 하나를 더하셨을 뿐이다.

"바로 이 심연에서 당신은 나를 깨닫게 하셨습니다. 나는 아무것도 아니었고, 내가 아무것도 아니라는 사실조차 몰랐다는 것을."[○]

"만약 하나님이, 어떤 다른 목적도 없이 오직 단 하나의 목표로 우리 삶의 중심에 계시다면, 하나님은 우리의 모든 행위의 실제적인 주체가 되어야 한다. … 이런 사람은 안식을 구하지 않으며, 불안감에 방해받지 않는다. … 그는 어디에 있든, 누구와 함께 있든, 자기 내면의 고독을 받아들이고 감당하는 법을 배워야 한다. 그리고 그는 사물들의 표면에 머무르지 않고 그 이면을 뚫고 나아가는 법과, 그 과정에서 **자신의** 하나님을 붙잡는 법을 배워야 한다."[◎]

1956년 12월 25일

'영원한 탄생Von der ewigen Geburt'— 내가 지금껏 배웠던 것과 앞으로 배워야 할 모든 것이 이 하나의 표현에 담긴 듯하다. "이 탄생이 이루어지기 위해서는 영혼이 고요하고 집중된 상태로 내면에 머물러 있어야 하며, 생각과 감정과 의지가 하나로 모여 조화를 이루어야 한다. … 마음은 위를 향해 열려 있어야 하며, 그 안에는 뜨거운 열정이 **타오르되** 동시에 맑고 **고요한** 침묵이 깃들어 있어야 한다."○

1956년 12월 26일

"어떤 일은 한 사람에게만 일어나고 다른 사람에게는 일어나지 않는다. … 하지만 그 사람은 자신에게 주어진 은사나 책임을 결코 자랑할 수 없다. … 운명이란 바랄 수도, 피할 수도 없는 것이다. … 그것은 이성에 반하는 신비가 아니라, 세계와 인류사의 흐름에 의미가 있다는 사실을 전제로 하는 신비다."°

허영심이 어리석은 얼굴을 쑥 내밀며 광대의 거울을 네게 들이민다. 그 순간, 너는 배우처럼 미소 짓고 역할에 맞게 표정을 고친다. 순식간이지만 치명적인 한순간. 바로 그 순간에 너는 패배를 불러들이고, 네가 섬기고자 했던 존재를 배신하고 만다.

너는 묻는다. 이 기록들이, 결국에 지향했던 삶의 길을 스스로 배신하는 결과로 나타나는 것은 아닌지?

이 기록들? 이것은 네가 살아오며 필요했던 어느 시점에 그 순간을 잊지 않으려고 접어둔 표시였으며, 네가 의지하려고 남겨둔 이정표였다. 이 기록들은 그대로 남아 있었다. 하지만 너의 삶은 변했고, 이제 이 글을 누군가 읽을 수 있다는 사실을 의식하게 되었다. 어쩌면 독자가 생기기를 바라는

지도 모른다! 아무튼 사는 동안 말로는 표현하지 못했던 인생의 궤적을 누군가 이 글을 통해 엿본다면 나름대로 의미 있을 것이다. 단, 네가 쓰는 이 글들이 허영심이나 자기포장을 넘어 정직함을 담고 있다면 말이다.

앞으로 나아가라! 명령은 은밀히 주어진다. 언제나 그 명령을 들을 수 있기를— 그리고 그에 응답할 수 있기를.

앞으로! 지금까지 얼마나 먼 거리를 걸어왔든, 그것이 멈춰 설 이유가 될 수는 없으니.

앞으로! 정상에 오르기 직전, 마지막 몇 걸음에 담긴 태도가 여정의 가치를 결정한다.

믿음 안에서 행동하면 기적이 일어난다. 그 순간, 이 기적을 믿음의 근거로 삼으려는 유혹에 빠진다. 믿음에 대한 확신을 잃은 자신의 약함을 보상하기 위해서. 하지만 믿음이란 그 자체로 존재하고, 창조하며, 우리를 지탱한다. 믿음은 파생되거나 창조된 것이 아니며, 그 자체의 현실성을 넘어서는 무언가에서 생겨난 것도 아니다.

1956년 12월 31일

"'나를 들어 두루마리에 적어두신 대로 주님의 뜻을 따르기 위해 이 몸 대령하였습니다.' 나의 하나님, 나는 당신의 법을 내 마음속에 간직하고 기뻐합니다.

이렇게 많은 사람이 모인 자리에서 당신의 정의를 알렸습니다. 주께서 아시는 대로 나는 입을 다물고 있을 수가 없습니다."○

네 믿음은 크지 않았다. 그런데도 결국은 네 믿음대로 이루어졌으니, 그만큼 몸을 더 낮춰야 한다.

감사하고 준비하라. 너는 모든 것을 대가 없이 받았다. 그러니 그 모든 것, 실은 아무것도 아닌 것을 기꺼이 내어주는 데 주저하지 말라.

너의 행위가 네 이름과 점점 멀어질수록, 너의 발걸음은 이 땅 위에서 점점 더 가벼워질 것이다.

곧 밤이 다가온다°

나날이 첫날이며— 나날이 하나의 삶이다.

아침마다 우리 존재의 그릇을 내밀어 받아들이고, 지니고, 다시 내어주자. 온전히 비운 채로— 지나간 모든 일은 그 그릇의 명확성과 형태, 너비에만 반영될 것이기에.

그리고 우리가 감히 청하지 못하고, 우리 눈이 가리어 보지 못하는 그 모든 것을, 주님, 당신의 자비로 허락해 주소서.

가장 위험한 교훈은 이것이다. 진실의 승리를 위해 진실을 억압하도록 강요받을 수 있다는 것. 그것이 역할 안에서 행해야 할 의무라면, 우리는 더더욱 정직하고 곧은 길을 걸어야 한다. 스스로 무너지지 않으려면 말이다.

너는 그에게 승리를 허락하지 않았고, 패배한 후에는 그가 간절히 원했던 최소한의 통쾌함마저 빼앗았다. 진실로, 이해받을 만한 이유는 충분하다.

그 공격이 터무니없는 것이었어도 너에게 상처를 준 이유는 작은 핀네베르크◎가 영웅 놀음을 한다는 그 우스꽝스러움을 들추어냈기 때문인가? 그렇다면 물어보자. 그 상처는 혹시 핀네베르크인 네가 정말로 자신이 영웅이라고 믿기 시작해서 생긴 게 아닐까?

내가 아니라 내 안에 계시는 하나님이 하시는 일인데도!

1957년 1월 21일

파괴여! 너의 공격은 얼마나 격렬했던가. 반면에 이 낡은 육체 앞에서 너의 승리는 얼마나 초라했던가. 너는 모든 것을 무너뜨렸고, 한 사람의 정신을 고통의 심연으로 내던졌다. 하지만 그 결과, 해방을 맛본 자의 행복하고 조용한 미소를 마주해야 했다.

1957년 2월 24일

우리는 결국 **인정하게 된다**. 그리고 실감한다. 우리 존재 안에, 더 정확히 말하면 '존재로부터 비롯되었으나 존재 그 자체는 아닌' 어떤 어둠의 요소가 원죄의 형태로 자리함을. 그것은 헌신의 목적을 파괴하는 힘, 그리고 사랑하는 이들에게조차 고통을 가져오게 하는 힘이다.

하나님 안에서 이루어지는 삶은 이러한 어둠으로부터 도피하는 것이 아니라, 오히려 이 어둠에 대한 완전한 인식으로 이끄는 길이다. 우리가 타락했기에 허구적이고 종교적인 해결책을 찾는 것이 아니라, 종교적 실체를 체험함으로써 우리 존재의 어두운 면을 빛 아래 드러내려는 것이다.

오직 모든 것을 꿰뚫어 보는 의로운 사랑의 시선 앞에 머물 때, 우리 안에 있는 어두운 진실을 직시하고 인정하며, **의식적으로** 감당할 수 있게 된다. 우리 안에는 재앙을 반기고, 실패를 원하며, 패배에서 오히려 자극받는 부분이 있다. 우리의 이익이 직접적으로 연관되지 않는 한 말이다. 따라서 하나님과의 살아 있는 관계는 정직하고 일관된 길을 따를 수 있게 하며, 그런 의미에서 자신을 이기고, 스스로 용서할 수 있게 하는 자기인식의 조건이 된다.

오이디푸스°, 왕의 아들이자 왕좌를 차지한 자. 행운아이자 도덕적으로도 흠잡을 데 없었던 그는 결국 인정할 수밖에 없었다. 처음에는 단지 가능성일 뿐이었지만 끝내 현실이 되었다는 사실, 자신 또한 백성을 구하기 위해 희생되어야 할 만큼의 책임과 죄를 지녔다는 사실을.

성공은 하나님의 영광을 위한 것인가, 아니면 너 자신의 영광을 위한 것인가? 타인의 평화를 위한 것인가, 아니면 너 자신의 평안을 위한 것인가? 대답에 따라 최종 결과가 결정될 것이다.

1957년 4월 7일

과거의 모든 잘못과, 이 순간에도 내 안에 있는 모든 비열함을 인식하면서도 자유로운 인간으로 살아갈 수 있을까? 어떻게 하면 날마다 나 자신을 용서할 수 있을까?

삶은 나를 심판한다. 그 심판은 내가 감당할 수 있는 만큼의 사랑으로 이루어진다. 그 심판은 삶의 요구 앞에 진지하게 응답하려는 나의 태도에 값하는 인내로 이루어지며, 자기 합리화라는 이름을 단 보잘것없는 변명들의 의미를 없애는 정의에 따라 내려진다.

살면서 맛볼 만한 행복을 누리지 못했다면, 그로써 삶에서 잃은 것은 무엇인가? 또 고통을 피하여 삶에서 얻은 것은 무엇인가? 우리는 이 질문들 앞에서 얼마나 어리석게 말하는가. 삶의 가치는 오직 살아가는 사람 자체로 판단되어야 하며, 그 생애는 흔하고 단순한 기준으로는 제대로 평가할 수 없다.

내 안의 비열함을 바라본다는 것은 채찍질하듯 자책하거나 고백을 통해 자신을 높이려는 교만에 빠지는 일과는 거리가 멀다. 그 비열함을 잊지 않고 의식하는 것이 중요하다. 그러지 않으면 나의 정직함이 무너질 것이다.

'연민'이라는 감정이 얼마나 자기중심적인지 깨닫는 순간이 있다. 타인의 위협받는 삶을 우리의 것으로 받아들이는 순간, 즉 그가 '계속 살아갈 수 있게' 하는 조건을 사람답게 살아가기 위해 지켜야 할 우리 자존심의 조건으로 삼는 순간.

이 점에서, 다른 모든 것과 마찬가지로 현실인식은 신성모독과는 반대된다. 우리가 짊어져야 하는 진실이란 시간이 주는 어떤 화해도 없는 날것 그대로의 현실이다.

희생된 사람, **희생한 사람**에게는 단 한 가지, 충성심이 중요하다. 적들과 의심하는 자들 사이에서 충성심을 유지하는 것. 충성심의 결과이자 전제조건인 굴욕을 맛보아도 충성심을 보이는 것. 현실에 철저히 반박당하는 듯한 신앙에서 구원의 희망을 찾는 일 말고 다른 조건은 내세우지 않는 충성심.

희생당한 자가 순교의 영광 속에서 자신을 바라본다면, 과연 그 희생은 숭고하고 의미 있다 할 수 있을까? 우리가 가한 고통은 그의 인식 안에서는 존재하지 않았다. 이 사실을 극복해야만 그가 우리에게 남긴 영적인 부름을 들을 수 있다.

모든 비판을 그에 걸맞은 무게로 받아들이고, 칭찬 앞에서 겸손할 수 있는 내적 안정을 확립해야 한다.

1957년 4월 28일

"역사는 오직 영혼의 몫이다. 위로도 오직 영혼의 몫이다."°

무관심한 사람들의 평가, 의미 없는 표창, 공식 문서에 기록된 성과들이 엮어낸 '나'라는 자아를 입고 있다. 나는 구속의 옷을 걸치고 있다.

이런 것들에서 벗어나, 아침 햇살 비치는 벼랑에 벌거벗은 채로 나아가야 한다. 빛 안에서, 빛과 함께. 나는 그곳에서 받아들여지고, 상처받지 않으며, 자유롭다. 그리고 하나가 된다. **그 하나 안에서** 진정한 존재가 된다.

자신이라는 장해물에서 벗어나, 나를 성취한다.

1957년 5월 25일

아무에게도 해가 되지 않고, 너에게도 좋은 일인데 왜 포기해야 하는가?

그렇다, 왜 포기해야 하는가? 네가 이미 선택한 삶의 방향과 충돌하지 않는다면 말이다. 그러나 만약 이 전제를 잊고 포기한다면, 그 선택은 스스로에 대한 배신이자 자기 자신에 대한 굴욕이 될 것이다.

모든 것은 현재 속에 있고, 현재를 위한 것은 아무것도 없다.

너의 이름이나 안식을 위한 미래도 없다.

어느 순간, 전심으로 해결하려 했던 어려움이 너의 개입 없이 갑자기 풀려버린다. 그러자 너는 그 일을 해결하는 데 크게 기여한 것처럼 '나서고 싶은' 생각에 휩싸인다. 그렇게 하는 것이 실제로 도움이 되는지는 중요치 않다. 오히려 해를 끼친다 해도.

만약 그렇게 나선다면, 해결하고자 헌신했던 너의 정당한 권리마저 스스로 내던지는 셈이 아닐까? 하지만 네가 진정으로 자신을 내려놓은 채 의무에 대한 헌신만으로 노력했다면, 그 가치는 여전히 지킬 수 있다. 정말 그러하다면, 다른 사람이 목표를 이룰 때 진심으로 기뻐할 수 있을 것이다.

1957년 6월 20일

'배신과 굴욕적인 약함.' 그리하여 마찬가지로, 너는 정당하지 않은 비판을 받는 것일까? 그렇다. 그 결과, 너는 위축된 상태로 의무를 마주하게 된다.

1957년 6월 23일

"광풍을 잠재우시어 물결을 잠잠하게 하셨다.

이윽고 사방이 고요해지자, 모두들 기뻐하며 하나님의 인도를 받아, 바라던 항구에 다다랐다."°

"망명의 피리 소리—"○ 당신은 이방인들 사이에서 늘 혼자였다. 솟아오르는 샘물을 늘 갈망했지만, 찾아 나설 자유 없이 갇혀 있었다.

그에 대한 답— 단호하고 맑고 무게 있는 답은 이러하다. '하나' 안에서 당신은 결코 혼자가 아니라는 것, '하나' 안에서 당신은 늘 본향에 머무른다는 것.

결과와 반응. 불쑥 솟구치는 불안의 강도는 네가 실로 얼마나 부자유한지, 또 얼마나 '하나 됨'으로부터 고립되어 있는지를 알려준다.
그러니 이런저런 걱정 말고 길에서 벗어났다고 느낄 때도, 네가 아는 그 길을 따르라.

"그러나 나의 원대로 마시옵고 아버지의 원대로 하옵소서."◎
운명으로부터 도전받는 사람은 그 조건에 대해 불평하지 않는다.

인간 존재의 가능성과 의무에 담긴 막대한 의미를 뚜렷이 발휘해야 할 사명이 있는 사람이 '부름받았다'란 자각을 잃었다면, 변명의 여지가 없다. 그런데 이를 자각하며 살아가는 사람에게는 할 수 있는 모든 일이 의미를 지니며, 그 무엇도 대가로 여겨지지 않는다. 그러니 그가 불평한다면— 결국 자기 자신을 비난하는 셈이다.

신화는 언제나 '뒤돌아본 자들'을 단죄해 왔다. 그들이 어떤 낙원을 떠나왔든지 단죄는 피할 수 없었다. 그러니 동방으로 향하는 순례자여Morgenlandfahrer°, 선택에서 벗어나는 순간마다 그 단죄의 그림자가 드리워질지니.

1957년 7월 20일

도둑질하듯— 은밀하게. 방 밖으로 내쫓겼다면 열쇠 구멍을 들여다보려 하지 마라. 차라리 문을 부수고 들어가든가, 아니면 물러나라.

도둑질하듯— 은밀하게. 사람들에게는 선택을 부정하는 것처럼 보였을까! 그럼에도, 그런 이유로 감추었어도 수치심을 겪는 것은 얼마나 마땅한 일인가. 나중에는 좋은 결과로 이어진다 하더라도 말이다.

1957년 7월 28일

너는 기름도, 공기도 아니다— 그저 연소점, 빛이 태어나는 초점일 뿐.

너는 빛의 흐름에 놓인 렌즈일 뿐. 오직 그 빛을 통해서만 받아들이고, 주고, 가질 수 있다.

네가 '나의 고유한 권리'로써 자신을 구하려 한다면, 기름과 공기가 불꽃 속에서 만나는 것을 방해하고, 렌즈의 투명함을 스스로 망가뜨리는 셈이다.

성화聖化— 빛이 되거나 빛 안에 머무는 것, 자신을 지워 빛이 태어나고, 모이고, 퍼지게 하는 것.

너는 투명한 정도에 따라 삶을 이해하게 될 것이며, 삶 또한 너를 인정할 것이다. 자기 자신을 목적이 아닌 하나의 수단으로 남겨둘 때.

1957년 9월 3일

'스스로 용서하는 것이 가능할까?' 아니, 불가능하다. 우리는 **용서받아야** 한다. 하지만 우리 자신이 용서해야 용서를 믿을 수 있다.

우리에게 주어진 책임은 얼마나 두려운 것인가. 그 책임을 저버릴 때, 너는 하나님을 저버릴 뿐 아니라 하나님께서 너를 통해 인류를 저버리게 하는 셈이다. 너는 하나님 앞에 책임질 수 있다고 생각한다. 진실로 하나님에 **대해** 책임질 수 있는가?

'배신'— 최악의 행동은 억누른 채 표출했으니, 만족스럽다 해야 할까? 인간의 조건에서는 매 순간 최선을 **다하지** 않는 것 자체가 이미 배신이다. 하물며 다른 이들이 너를 믿고 따를 때는 더욱 그렇다!

1957년 9월 26일

"이 삶에서 이룰 수 있는 가장 훌륭하고 영광스러운 일은 침묵한 채 하나님께서 일하시고 말씀하시도록 하는 것이다."◦

나를 붙잡았으니, 투석병投石兵이여. **이제** 당신의 폭풍 속을 지나, **이제** 당신의 목표를 향해.

1957년 10월 1일

모든 것이 여기 있다고 하네
안전한 곳에서 너를 기다리는
수천 개의 아름다운 노래들
너는 어디에 있었는가, 대체 어디에?◎

뒤돌아보지 마라. 미래를 꿈꾸지도 마라. 미래는 과거를 되돌려주지 않을 것이며, 너의 다른 행복한 꿈들을 채워주지도 않을 테니. 너의 의무도, 보상도— 운명은 **지금 여기**에 있다.

예수의 '원칙성 부재.' 그는 세리와 죄인들과 한 식탁에 앉았고, 창녀와도 어울렸다. 그들의 지지를 얻으려고 그랬을까? 아니면 그런 식으로 회유하여 그들을 회개시키려 했던 걸까? 혹시 예수의 성품이 너무도 깊고 풍요로워서, 그들 안에서도 미래를 위한 공통적이고 파괴되지 않는 무언가에 닿을 수 있었던 걸까?

1957년 10월 6일

하나님께 '**예**'라고 말하는 것은 운명을 긍정하고 자신을 긍정하는 일이다. 현실이 이러하다면, 영혼은 상처 입었을지라도 치유의 힘을 지닌 셈이다.

> "끝없이 이어지니 무어라 이름을 붙일 수 없으며
> 결국은 무無의 세계로 돌아간다."○

기회는 다시금 주어졌다— 특권이자 짐으로서. 문제는 왜 그리되었는가, 그래서 어디로 이어지는가, 대가는 무엇인가가 아니다. 다만 한 가지, **어떻게** 활용할까다. 이를 판단할 수 있는 이는 한 분뿐이다.

너는 운명의 결과를 받아들이겠노라고 스스로에게 말했다. 하지만 그 운명의 요구를 깨닫고서 균형을 잃었다. 그제야 너를 형성했으며 또 밀어내기도 했던 그 세계에 얼마나 깊이 집착하는지를 알게 되었다. 그 순간 너는 그것을 단절 혹은 작은 '죽음'으로 받아들였고, 결국 야망 때문에 스스로 속인 건 아니냐는 속삭임에도 귀 기울이게 되었다. 마침내 모든 것은 사라진다. 그런데 왜 이 작은 죽음 앞에서 그토록 괴로워하는가? 이제 받아들이자. 신속히, 그리고 미소와 함께. 이 죽음을 맞이하고 자유롭게 나아가자. 너의 과업과 하나 되어, 이 순간 온전히 헌신한 채로.

충분치 않았다. 네 안에 가능성이 조금이라도 남아 있는 한, 결단코 '이제 충분해'라고 말할 수는 없다.

부담과 위험이 끝없이 이어지는 듯하다고 네가 불평할 때, 답해줄 말.

다듬어지지 않은 통나무The Uncarved Block, 樸° — 중심에 머물라, 너 자신의 중심, 그리고 인간의 반응들이 모이는 중심에. 그 중심이 삶에 부여하는 목적을 위해, 매 순간 할 수 있는 한 최선의 행동을 취하라. 결과를 계산하지 말고, 그 어떤 행위에서도 자신을 드러내려 하지 마라.

죽음을 애써 찾지 마라. 언젠가 죽음이 너를 찾을 테니. 네 일은 죽음을 완성으로 이끌 길을 찾아내는 것이다.

육신은 죽음과 친숙해져야 한다. 죽음이 어떤 모습과 강도로 다가오든지 말이다. 불가피하고 가까이 있으며 담담한, 존재의 여정을 향해 나아가는 한 걸음으로서.

죽음은 희생의 한 단계로서 완성에 이르지만, 대개 굴욕을 안기며 영광과는 거리가 먼 모양새를 띤다.

정상으로 향하는 능선은 두 개의 심연을 가른다. 하나는 정욕적인 죽음의 충동(어쩌면 자기애의 마조히즘이 포함된)이며, 다른 하나는 육체적 자기보존 본능에서 나오는 공포다. 제 몸을 하나의 수단으로 다루는 법을 터득한 사람만이 이 사이에서 현기증을 느끼지 않는다.

어떤 선택도 개인이 운명을 어떻게 바라보는가, 육체가 죽음을 어떻게 받아들이는가와 무관하지 않다. 결국 삶이 던지는 모든 질문에 대한 최종 판단은 희생이라는 사고의 차원에서 내려진다. 그렇기에 삶에서 자기만의 자리와 시간이 요구되며, 때로는 우선순위를 정해야 한다. 준비가 필요하다.

용기와 사랑은 삶을 향한 동등하고도 긴밀한 표현이다. 너는 마음이 바라는 대로 기꺼이 '감당할' 준비가 되어 있다. 이는 인격이 스스로 하나 됨에 복속하여 소멸을 택한다는 조건 아래 얻게 되는 적극적인 상호반사의 성과다. '하나님과 영혼의 연합'— 그 열매는 망설임 없이 항복하고 또 항복하는 사람들과의 연합이다.

올바른 단어를 사용했던가? 사람들은 어떤 인상을 받았을까? 잘 보이려 하는구나 하고 생각하진 않았을까? …

이런 질문들 때문에 잠 못 이루는가? 직관적으로 감지한 반응이 옳다는 믿음을 잃은 것은 아닌가? 이유는 알고 있다. '정당성'에 대한 갈망이 자의식을 불러일으켰고, 일하는 동안에는 자기를 망각한다는 데서 이탈하고 말았으니. 이런 식으로만 남들의 판단은 네게 해를 끼칠 수 있다.

너를 비판하는 사람들을 칭찬하라. 그들에게는 그 무엇도 성에 차지 않으니.

몸은 놀이를 통해 행위의 형식을 익힌다. 몸은 또한 쾌락을 통해 고통으로 가는 길을 비춘다.

1957년 12월 22일

광인이 광장에서 외쳤다. 아무도 멈추어 대답하지 않았다. 그리하여 그의 명제에 반박할 수 없음이 증명되었다.

1957년 12월 24일

당신의 바람 속에서 — 당신의 빛 속에서 —

그밖에 모든 것은 얼마나 작은가, 우리는 얼마나 작은가 — 그리고 그 위대함 안에서만 복된 것을.

1958

그러므로 매일 아침, 세상은 다시 창조되고, 다시 **용서받는다**— 당신 안에서, 당신에 의해.

1958년 2월 16일

“…당신의 밝은 얼굴 보여주시면, 우리가 살아나리이다.”[○]

“믿으라. 완전함에 이르기 위해 필요한 것 가운데 하나는 그가 자신의 행위를 통해 높이 올라서며, 그 모든 행위가 하나의 일로 모아져야 한다는 것이다. 이것은 반드시 하나님의 나라 안에서 이루어져야 한다. … 진실로 내가 너희에게 이르노니, 사람이 하나님의 나라 밖에서 이룬 모든 행위는 죽은 행위일 뿐이며, 오직 하나님의 나라 안에서 이룬 것만이 살아 있는 행위다. … 하나님께서 당신의 모든 행위로 인해 흔들리거나 변화하지 않으시는 것처럼, 하나님 나라의 질서 안에서 살아가는 영혼 또한 그 어떤 일에도 흔들리지 않는다. 그리하여 이러한 사람들은 일할 수도 있고, 일하지 않을 수도 있지만, 그 내면은 항상 평온하다. **왜냐하면 어떠한 행위도 그들에게 무엇을 더하지 않으며, 또 무엇을 빼앗지도 않기 때문이다.**”[◎]

"하나님 나라 안에서는 모든 행위가 동등하다. 나의 가장 작은 행위가 가장 크고, 가장 큰 행위도 결국 가장 작은 것이다. 행위란 본디 다양하고 흩어져 있어, 인간을 또한 분열로 이끈다. 그러므로 우리는 언제나 행위와 더불어 불안의 경계에 위태롭게 앉게 된다."○

불꽃놀이가 끝나고After the fireworks. 삶이 얼마나 단순해졌는지, 또 얼마나 어려워졌는지. 얼마나 더 **청정해지고**, 얼마나 더 끔찍해졌는지.

불경한 의인화다. 고통을 통해 하나님이 우리를 단련시키신다는 생각은. 하나님의 뜻이라고 믿던 길을 좇다 우리가 고통을 겪을 때, 그 고통을 기꺼이 받아들이는 태도와는 전혀 다른 것이다.

아침의 맑고 단순한 나— 그런 내가 가장 먼저 마주하는 건 어제의 거울에 비친 기괴한 내 모습.

1958년 4월 10일○

'하나님과 영혼의 연합'이라는 믿음 안에서 너는 하나님 **안에** 있고, 하나님은 온전히 네 안에 계신다.

네가 마주하는 모든 일에 그분이 온전히 존재하듯이.

이 믿음 안에서 너는 기도하며 자기 안으로 침잠하여 타인을 마주하게 된다.

연합의 순종과 빛 안에서.

모두가 네 앞에 서 있다. 너처럼, 하나님 앞에 홀로 서 있다.

모든 행위는 의식적인 행위, 창조의 지속적인 행위다. 너는 인간의 책임을 짊어졌으나, 의식을 초월하는 힘에 인도되기에.

너는 사물에 얽매이지 않지만, 그것들을 마주할 때 계

시가 전하는 해방의 순수성과 진실을 드러내는 날카로움 속에서 경험한다.

'하나님과 영혼의 연합'이라는 믿음 안에서는 **모든** 것이 의미를 지닌다.

그렇게 살아가기, 손에 맡겨진 것을 그렇게 사용하기…

오직 인간에게서만, 창조의 흐름은 판단과 선택을 통해 현실이라는 지점에 다다른다. 인간 존재의 외부에는 선도 악도 없다. 그러므로 너는 내면 깊이 침잠하여 타인과 마주할 때 깨닫게 된다. 선善은 궁극의 현실임을— 그분 안에서 하나 되어 살아 있다는 것, 바로 너를 **통하여**.

1958년 7월 29일

이 풀 수 없는 외로움을 제게 주신 것은, 당신께 제 모든 것을 더 쉽게 드리도록 하기 위함입니까?

몇 년 더. 그리고 그 후에는? 삶은 오로지 그 내용을 통해서만 가치를 지닌다— **타인**을 위한다는 것. 타인에게 가치 없다고 여겨지는 삶이란 죽음보다 더 참담하다. 그러니 이 위대한 외로움 속에서 모든 이를 섬기라. 내게 주어진 것은 얼마나 헤아릴 수 없이 크며, 나의 '희생'이란 얼마나 하찮은가.

이름이 거룩히 여김을 받으시오며
나라가 임하시오며
뜻이 이루어지이다—°

심판의 꿈에서 깨어나는 순간, 너는 **알게 된다**. 모든 소란 너머, 모든 부산함 너머, 유일하게 진실한 것은 새벽 어스름 속에 조용히 타오르는 서늘하고 곧은 사랑의 불꽃임을.

이 육신의 불꽃은
스스로를 태워 정화하고, 자기헌신의 불꽃을 피워 올리며,
닫힌 소우주를 소멸시킨다.

어떤 이들은 육체적 결합 대신 희생이라는 창조적인 행위를 통해 최종 승리의 문턱까지 인도되도록 택함받았다. 똑같이 눈부신 힘의 천둥소리 속에서.

1958년 10월 5일

창백해지는 너도밤나무의 빛
구름에 드리운 어둠
폭풍이 숲 웅덩이를 할퀴자
강철색 물결이 인다.
저 멀리, 대지의 핏자국 사이로
구르는 사슴 발자국—

침묵이
마음의 갑옷을 뚫어
벌거숭이인 채로
청명한 가을 앞에.

끝없는 파반느
틀에 박힌 움직임이
되풀이되고

의미 없는 말들
빛을 잃은 채
우리 사이를 오간다.

잊힌 음모의
거미줄이
손을 옭아매고

어릿광대의 가면 속에 질식한
내 마음은 메말라
부스러진다.

1958년 10월 12일

낮은 천천히 핏빛으로 스러진다
상처를 통해
지평선의 칼날이
하늘을 가르는 그 틈을 따라.
빈 혈관으로
어둠이 스민다
굳어가는 몸은
밤의 한기에 안긴다.

죽은 자들 위로 반짝이는
말 없는 별.

주님, 하루는 당신의 것이고

저는 그 하루의 것입니다.

'하나의 형상'○

내리는 너울
조여드는 근육
하나의 법칙

휘어지는 선
전신의 힘이 이룬
대담한 균형

나의 정신도
엄정한 곡선 따라
길을 찾을까?

1958년 10월 19일

사람에 지쳐
외로움을 찾지만
채울 힘조차 없다.

힘의 벽이
다가와
빛의 파도 속에서
잠시 쉬다,
곧 산산조각 나서
썰물처럼 밀려가고
입술로부터
창백한 해변을 떠나
거품 속으로—

1959년 2월 8일

"당신은 마음속의 진실을 기뻐하시니 지혜의 심오함을 나에게 가르치소서."°

'믿음'이란 모든 것과의 끊임없이 살아 있는 접촉이다. '하나님 앞에서' 영혼은 실재한다.

—악의 현실, 개인 삶의 비극, 그리고 삶의 '존엄성'에 대한 요구를 인식하기.

1959년 2월 9일

'엘리트'와 대중을 구분 짓는 유일한 차이는 '품질에 대한 고집'이다. 이 요구는 모든 사람에 대한 책임, 과거와 미래에 대한 책임의식에서 비롯한다. 이것은 삶의 무한한 전망과 다시는 반복되지 않을 지금 이 순간을 있는 그대로 받아들이고, 겸허하게 삶에 자신을 맡기는 자세를 반영한다.

1959년 7월 29일

겸손은 자기비하와 마찬가지로 자기과시와도 반대되는 태도다. 겸손은 **비교하지 않는 것**이다. 자기로서 현존하면 누구보다 더 낫지도 못하지도 않으며, 더 크지도 작지도 않다. **그러한 것**— 아무것도 아닌 동시에 모든 것과 하나인. 이런 의미에서 겸손은 자기소멸의 완성된 형태다.

겸손 속에서 자기를 비우고 무無가 되되 주어진 과업의 무게와 권위 전체를 몸소 구현하는 것, **이것**이 부름받은 사람의 삶의 자세다. 사람들 앞에서, 일 앞에서, 시와 예술 앞에서 자신이 매개하는 것을 겸허하고 자유롭게 전달하고, 내면의 정체성과 맞닿은 것은 단순하고 자유롭게 받아들이는 삶. 칭찬과 비난, 성공과 역경의 바람은 이런 삶 위를 스쳐 지나갈 뿐, 그 균형을 무너뜨리지 않는다.

주여, 이 길을 걷도록 도우소서—

1959년 8월 4일

단순함은 현실을 **자신과의 관계**가 아니라 신성한 독립성 안에서 경험하게 한다. 단순함은 내면의 잠잠한 곳에서 판단하고 행동하는 것이다. 그리할 때 불필요한 것들은 사라지고, 모든 것이 제자리를 찾는다!

존재의 중심에 머물 때, 우리는 자기 안에 잠잠히 머무는 세계를 마주한다. 나무는 신비가 되고, 구름은 계시가 되며, 한 인간은 우리에게 그 안의 풍요로움을 언뜻 엿보게 하는 우주가 되는 순간. 단순한 사람에게 삶은 단순하다. 하지만 삶은 우리에게 첫음절 너머로 결코 나아가지 못할 책을 펼쳐 보인다.

1959년 8월 4일

열일곱 음절
문을 열었네
기억과 의미로의.°

1959년 8월 7일

웁살라에서

붉은 3월 저녁. 부고訃告
다시 시작—
무엇이 끝났는가?

평원의 밤. 텅 빈 홀
창턱에 앉은 여인이
기다리는 햇살.

딱정벌레. 들메나무꽃
라일락은 소곤댄다
모두 잠든 후.

가물대는 나무들. 정적
물방울 하나 머뭇대며
어두운 창을 흐른다.

안개 속 등불의 빛무리
서리나방 춤추며
반짝이는 기둥을 맴돈다.

회색 눈더미. 따끈한 마분馬糞
땅은 도리질하며
아침을 털어낸다.

1959년 8월 9일

평야의 수평
성벽의 수직
운명의 선처럼 교차한다.

봄물 흐르는
부활절 하늘 아래
저녁. 탁자에는 제비꽃 향기.

이 석기시대 같은 저녁
평야 위로 교회 첨탑이 솟았다
남근처럼.

동쪽 하늘이 열리고
푸른 평야의 제단에는
희생의 연기.

숲속의 소년
일요일 옷을 던져놓고
벗은 채 논다.

분수 물소리
하얀 작약꽃 사이
맴도는 땅벌.

검은 별똥별
제비들의 날선 비명
공중의 짝짓기.

벌거벗은 포플러 속
이 목소리
우주를 뒤흔드는 하모니.

사순절 백합의 이슬 맺힌 꽃받침°
물방울이 머뭇거린다
땅과 하늘 사이에서.

저녁 빛의 여린 잎사귀
5월 비가 지나간 후
회피가 낳은 죄.

밤꽃, 들장미—
고슴도치가 경계를 섰다
잠든 성 주위를 돌며.

채석장의 죽은 웅덩이들
가시엉겅퀴 덤불 속
공작나방 한 마리.

성城의 그림자 속에서
꽃잎이 닫혔다
저녁이 오기도 전에.

성의 창문으로 그들이 보였다
잿빛 바람과 눈 속에서
칼 12세가 카메라에 담겼다.

빵 냄새. 일상의 말들
빛은 희미해졌다
눈의 회오리 속에서.

세월보다 더 큰 것이 그들을 갈랐다
이 저녁의 산책
인적 없는 가로수길.

한 해의 마지막 밤
느릅나무 검은 그림자가
무덤을 감싸안았다.

십 년의 성숙
십 년의 기다림
이제 곧: 땅에서의 이십 년.

아르사렛°의 아침빛
의미를 찾아 헤매던
긴 봄날의 저녁들.

그는 시선을 내린다
몸을 보지 않기 위해
욕망에 빠지지 않기 위해.

집은 나를 보낸다
버려진 황량함 속으로
찾는 이도, 내 말을 듣는 이도 드물다.

그는 찾던 사람을 얻지 못하고
스스로 그런 이가 되기를 갈망했다
찾던 사람이 되기를.

뺨을 맞고서야 소년은 깨달았다
그의 아버지 이름이
그들에겐 증오의 대상임을.

공중제비 중에 그가 나가떨어지자
모두가 낄낄댔다
그토록 어수룩한 아이라니.

그의 도덕적 설교는
증오로 달아올랐다
무엇이 한 아이를 그렇게 만들었을까?

그들은 그에게 죄를 돌렸다
그는 영문을 몰랐지만
죄를 인정했다.

누구도 그를 원치 않았다
그는 찾아갔지만
그들이 노는 모습을 지켜봐야만 했다.

학교가 끝나고 텅 빈 운동장
그가 찾던 이들은
이미 새 친구들을 만났다.

인동덩굴
잿빛 땅거미 속에
그는 성별을 자각했다.

라일락 울타리 곁
'의무'에서 벗어난 그녀는
청춘의 땅을 되찾았다.

겨울 땅거미는
창 너머로 짙어지고
새장 속 새는 피투성이 가슴.

짐이 진창에 빠졌어도
그녀는 미소로 불안을 떨쳐냈다
일이 벌어진 후에.

봄처럼 맑은 아침빛
코티용○의 소녀들을
새로운 삶에 설레게 한다.

넌 돌아오지 않을 거야
또 다른 사람
또 다른 도시를 찾겠지.

여름

검은시로미 덤불이 목덜미를 간질인다
푸른 심연 위로
떠도는 한 마리 매.

회색 이끼. 붉은 열매
해변의 하프, 현絃의 격타
쉿— 아비새가 잠들었다!

그가 새로운 미나리아재비를 발견했다
우리가 보는 것 이상은 보지 못했지만
더 멀리 나아갔다.

피나무 향. 땅거미
우리는 꿈꾸었다, 찾아내리라
해골박각시를.

오리나무 아래 흙 속엔
오르키스°의 비밀이
숨겨져 있었다.

떡갈나무 낙엽 사이, 납작한 바위 하나
인신 제물이 놓였다
바닷바람을 달래려고.

서쪽 뻐꾸기, 복된 뻐꾸기°
남편은 죽고
두 마리 젖소도 팔려 나갔다.

북방울새의 첫 지저귐
창백한 얼음 위로
우주가 녹아내린다.

하얀 얼음 미나리아재비
돌무더기 틈에 홀로 피어
그늘 드리운 곳에 서리 내린다.

창문 불빛이 꺼지고
울타리 문도 닫혔다
종달새의 노래, 날개 끝의 떨림—

순례의 해, 동쪽 땅
어두운 강가
피나무 아래에서.

부두를 걷는 발소리
반짝이는 물결. 갈매기 울음소리
죄 없는 새날이 태어났다.

모기. 제철소의 연기
뱀은 잠들었다
산딸기밭 길목에서.

정적 가득한 방
강물이 감싸는 섬
그가 잊힌 쑥국화를 찾던 곳.

번개의 섬광 아래
영주의 형상들이
그늘진 초상화에서 모습을 드러냈다.

가파른 스웨덴의 언덕들

마부를 앞서가는

말 허리를 적신 땀방울.

아득히 먼 곳에서

아른거리는 햇살 아래
플루트 음이
탄생 동굴 속 신들에게 닿는다.

히말라야 빙벽
언덕 저 너머
부활절 베젤레[○]에서.

원숭이들. 달빛이 그들을 깨웠다—
대지의 배꼽 주위로
마니차[◎]가 돌아갔다.

쉬어가는 곳. 숯불이 피어오른다—
거울 같은 연못에 잠겨
비슈누[○]가 쉰다.

성탄 밤 예배에서
그들의 소리를 들었다
나팔 소리의 예고를 통해.

야자수 잎의 바스락 소리, 파도 소리
찬송가의 어우러짐
눈의 나라에서.

달뜬 밤
번쩍이는 번갯불 아래
방전된 육체들.

욕망의 전율 속에
햇볕에 묵직해진 몸은
소금기 어린 파도에 가라앉았다.

허드슨 밸리

따뜻한 가을 저녁, 달빛 아래
이 오솔길 위에서—
저 멀리 한 심장이 멈춰 선다.

숲속 발코니
천 번의 활 긋는 소리
찰나의 빛 신호.

4월의 눈
홍관조 몸을 숨긴
하얀 개나리꽃.

차가 배腹를 갈랐고
그것을 옆으로 옮기니
잠잠해졌다.

나무들이 바람에 몸을 떤다
안개 바다 건너
소리가 닿지 않는 곳에서.

그녀가 새장 밖으로 나왔다
내 휘파람 소리에
그러나 실망한 채 돌아섰다.

너의 몸과 너의 이성은—
지휘봉을 쥔 이에게
잠시 맡겨졌을 뿐.

모두 달아나는 모습에
스컹크는 믿었다
자신이 동물의 왕이라고.

거실 탁자에 놓인
먼지 쌓인 책
사라진 글.

신들이 연주할 때면
아기의 현絃을 찾는다
인간의 손이 닿지 않은 현을.

1959년 9월 13일

내가 희생되기를
도망치지 않기를
그 희생 안에서.

신은 인간성을 취하셨다
예정된 자로서
희생을 택하실 때.

분출이 거부된
열기는 바꾸었다
숯을 다이아몬드로.

아름다움. 선함
여기 이 순간 경이로움 속에
문득 현실이 되다.

질문을 몰랐기에
그에겐 손쉬웠다
답을 내는 일.

네가 창조하는가? 네가 파괴하는가?

이것은 너의

철의 시험°이다.

매미 떼의 울부짖음에

공기는 붉게 타들었다

그들의 마지막 저녁.

찌르레기 떼의 성운이

소용돌이치며 지나간다

차가운 우주 속에서.

나무, 물결, 초승달

이 저녁, 모든 것이

떨리는 삼투현상 속에 있다.

타인의 만족을 위해서?

아니, 너 자신이다

함께 살아갈 존재는.

그가 절벽에서 떨어졌다
기어가려 했기에
두려워 똑바로 걷지 못했다.

비에 젖은 잔디밭
그는 맨발로 찾았다
흙 속에 뿌리내릴 자리를.

홀로, 숨죽인 성장 속에
그는 연결되었다
자라나는 모든 것들과.

잊고자 했던 것을
해석할 때
그는 미래를 향해 말하고 있었다. —폴 라쿠르[○]

우리는 하나로 창조된다
육체를 넘어선 자리에서
그 대가로. —T. E. 로런스[◎]

바르바리 해안
하늘의 여왕을 위한
이 황량한 전초기지.

1959년 10월 25일

결산은 끝났다
나를 구속하는 것은 아무것도 없다
모든 것이 나를 기다린다. 준비된 채.

우리가 어디에 숨든지
짠 물방울이 튀어 오른다
넘실대는 윤슬로부터.

해안까지는 먼 데도
신선한 바다 내음이
청동빛 풀잎에 어른댄다.

짝을 찾지 못하자
사람들은 유니콘이라고
변태라고 일컬었다.

1959년 11월 1일

자아를 탈피하고
안온한 영광에 이르러 마주한
민낯의 실재.　　　　　　　　　— 오닐: 빌리 브라운[○]

그는 삶을 바쳤다
타인의 행복을 위해
그러나 그들의 불행을 바라기도 했다.

거울 속 사티로스가
비웃던 그것을
그는 목숨값으로 사들였다.

간직하도록 두어라
그 작은 비밀들을
그들이 애써 지켜왔으니.

이 임의의
가능성의 조우를
'나'라고 부른다.

나는 묻는다. 왜 나인지
왜 여기인가? —그리고 자아는
실재를 잃는다.

이 아침
새소리가 마음을 채웠다
밤의 서늘한 평온으로.

말은 찾아지지 않았다
그 욕망과 두려움을
붙들어줄 말은.

책은 끝내 펼쳐지지 않았고—
나는 벌거벗은 채
적나라한 죽음의 도구들을 바라보았다.

골든로드 꽃잎이 떨리고
분꽃의 하얀 낙하산이
바람에 펼쳐진다.

불충한 품꾼들처럼
우리는 그분의 유산을 낭비한다
자신의 구원을 위해.

하늘은 너무도 푸르렀다
그의 마지막 활강에서
설산 봉우리를 비추던 날처럼. — 에스타 룬드크비스트°

총성이 울려 퍼지는 동안
그는 언어의 생명을 찾고 있었다
삶 그 자체를 위해.

위험과 결백—
산에 맞서는 일
나의 자기저항.

그 어떤 언어의 채찍 소리도
그의 고요를 방해하지 못했다
우주의 울림.

믿는 자에게는

마지막 기적이

처음의 기적보다 더 위대할 것이다.

부활절

용서는 '용서하는' 사람이 용서받도록 인과의 사슬을 끊는다. 사랑의 본질은 자신이 한 일의 결과에 책임지는 것. 그러므로 용서에는 희생이 따른다.

누군가의 희생으로 해방되었다면, 그 대가로 당신도 희생을 감수하고 타인을 해방할 준비를 해야 한다.

먼저 세상을 뜬 이들을 생각하면, 나는 마치 주빈들이 떠나고 초대석에 홀로 남겨진 듯, 죽은 시간 한가운데 있는 것만 같다.

아직 살아 있거나 훗날 태어날 이들을 생각하면, 나는 직접 참석해서 함께 기쁨을 나누지 못할 잔치를 준비하는 것만 같다.

성탄절 이브

성탄이 대림절을 잇는다는 것은 참으로 당연한 일이다— 앞을 내다보는 자에게 골고다는 이미 베들레헴 안에 있고, 구유가 놓인 그 자리에 십자가도 서 있기 때문이다.

"싸우고, 고통받고, 죽음의 시련을 감내하신 주님, 우리 마음이 평화를 얻고 열린 하늘을 발견하게 하시니."○

"누운즉 마음 편하고 단잠에 잠기오니 내가 이렇듯 안

심하는 것은 다만 당신 덕이옵니다."○

"주께서 당신의 백성을 곤경에 빠뜨리시고 술을 먹여 쓰러뜨리셨습니다. 그러나 당신을 믿는 사람들이 화살 피해 도망치도록 깃발을 올려주소서."◎

1960년 11월 26일

겨울 달이
나뭇가지 틈에 걸렸다
내 피의 무게로 맺은 그 약속.

주변 나무들은 모두 잠들어
벌거벗은 채 밤하늘을 향하고 있었다
'그러나 나의 뜻대로 마옵소서…'

짐은 여전히 나의 몫이었고
그들은 나의 간청을 이해하지 못했다
그리고 온통 침묵뿐.

이윽고 횃불들과 입맞춤
그리고 잿빛 새벽
궁전에서.

그들의 사랑이 무슨 소용인가?
이제 중요한 것은 하나
내가 그들을 사랑하는가뿐.

1960년 12일 2일

긴장은 점점 고조되었고
정오의 무더위 속에
의지는 풀려버렸다.

밤은 불꽃처럼 타올랐다
인광을 내뿜으며
폭풍의 손아귀에 정글이 신음했다.

그들은
다른 이들이 얻은 것을 대신하여
사랑의 온전한 대가를 치렀다.

아침 안개
새의 첫 날갯짓
누가 기억하는가. 그 밤의 희생을?

1960년 12월 3일

길이 있다면,

따라야 한다.

행복은,

잊어야 한다.

잔은,

비워야 한다.

고통은,

숨겨야 한다.

답이 있다면,

배워야 한다.

결국,

온전히 감당해야 한다.

1961년 2월 13일-3월 13일

오, 우리를 이 영혼의 벌거벗은 삶으로 이끄시는 주님,
물 위를 떠다니시며, 당신은 어느 지상의 저녁에 말씀해 주실지요.
우리에게 전설의 불타는 튜니카를 입힐 손이 누구의 것인지—○

간절한 척 스스로 속이지 마라.
삶의 흐름 속에서, 자신의 어둠을 재는 잣대로 존재하라.
비극이 펼쳐지고 있으니.◎

"사람들에게는 놀림감이 되었고
나를 보는 이마다 머리를 설레설레 흔듭니다.
주, 나의 하나님, 나를 도와주소서.
당신 사랑에 어울리게 나를 건져주소서."○

1961년 성목요일

구원의 한 조각조차
인간의 의지만으로는 얻을 수 없는가?
"그는 사랑의 하나님*Deus Caritatis*이시다."◎

"이 문제를 풀려고 혼자 깊이 생가하였으나

내가 풀기에는 너무나 고생스러웠습니다.

그러나 마침내 당신의 성소에 들어와서야… 깨달았습니다."°

1961년 성령강림절

나는 누가—혹은 무엇이—그 질문을 던졌는지 모른다. 언제였는지도. 답했는지도 기억나지 않는다. 다만 어느 때인가, 나는 어떤 존재—혹은 무언가에—'**예**'라고 대답했다.

그 순간, 나는 확신하게 되었다. 존재에는 의미가 있으며, 따라서 내 삶도 순종에 그 목적이 있다는 것을.

그 순간, 나는 알게 되었다. '뒤돌아보지 않는 것', '내일을 걱정하지 않는 것'이 무엇을 뜻하는지를.

나는 응답이라는 아리아드네의 실에 이끌려, 삶이라는 미로를 지나 마침내 한 시공간에 도달했다. 그리고 알게 되었다. 길은 승리로 이어지되 파멸을 동반한 승리이며, 파멸로 이어지되 승리를 품은 파멸임을. 삶 전체를 건 응답의 대가는 모욕이며, 그 깊은 굴욕의 자리야말로 인간이 닿을 수 있는 가장 영광스러운 자리임을. 이후로 '용기'라는 말은 의미를 잃었다. 내게서 앗아갈 수 있는 것이 더는 없었기 때문이다.

앞으로 나아가는 길 위에서 나는 한 걸음 한 걸음, 한 마디 한 마디를 통해 배워갔다. 복음서에 나오는 그 영웅적 인물의 모든 말 뒤에는 한 인간이 있고, 한 인간의 체험이 있었다는 것을. 잔이 거두어지기를 구한 기도와, 그 잔을 끝까지 마시겠다는 약속. 그리고 십자가에 적힌 모든 말 뒤에도 한 인간이 있었다.

1960년 7월 7일-1961년 봄

무감각한 잠에서 깨어나
모든 얽매임에서 풀려나
씻기고, 단련되고, 단장된 채
나는 문턱에 이른다.

너에게는 용기가 있는가
끝까지 길을 걸어갈 용기
나는 내어놓는다
되돌릴 수 없는 답.

눈부심 속에 바라본다
경기장으로 열린 문을
그리고 벌거벗은 채 나아간다
죽음을 향해.

싸움이 시작된다. 평온하면서도
충만한 능력 속에서 나는 싸운다
그들이 그물을 던지고
내가 걸려들 때까지.

나는 다른 이들을 보아왔다
이제 나는 선택된 자가 되어
제단에 묶이고
희생된다.

말없이, 벌거벗은 내 몸은
돌에 맞아 상처 나고
말없이, 내 살은 찢겨
심장이 드러난다—

1961년 6월 8일

몸이여,
나의 벗이여!
너는 주인도
노예도 아니다
너는 정신의 긴장 속에
응답하여
가벼운 불꽃으로
정신을 자극해야 한다.

그러나 몸이여,
나의 벗이여,
망설이지 말라
배신하지 말라
그때가 온다 해도
그 피치 못할 순간.

한밤의 긴 시간
불면 속 되풀이되는 질문들
나는 올바르게 행동했는가?
그리고 나는 왜

그렇게 행동했던가?

같은 발걸음을 다시 내딛고

같은 말을 다시 내뱉으면서도

답을 찾지 못한 채—

기다린다
그들이 나를 세워놓았던 그 자리에서
과녁을 향해 벌거벗은 채
날아와 박힌
첫 화살 몇 개.

활시위가 다시 당겨진다
바람을 가르는 화살
—나를 비껴간다
놀리는 걸까?
손이 떨렸을까?
아니, 바람 때문일까?

무엇이 두려운가?
그들이 명중하여
숨이 끊어진다 해도
이 어찌
슬퍼할 일인가?
앞서간 이들도 있고
뒤따를 이들도 있으니—

1961년 6월 11일

부름을 받아
그것을 짊어지고
떼어져 나와
고독을 시험받고
선택되어
시련을 견디고
자유롭게
부인할 수 있음을
나는 보았다.
한순간
돛 하나
태양 폭풍 속에
홀로
물결 위에
아득히
뭍을 떠나려.

나는 보았다.
한순간—

1961년 6월 18일

그는 걸어올 것이다
두 헌병 사이로
마르고 햇볕에 그을린 모습으로
조금 몸을 굽힌 채
마치 사과라도 하듯
자신의 힘에 대해
긴장된
그러나 차분한 시선.

그는 재킷을 벗고
셔츠 단추를 풀어 헤친 채
벽에 기대어
총알을 기다린다.

그는 우리를 배신하지 않았다
그리고 그는 죽음을 맞이한다
당당히도.
나의 불안은
그를 향한 것이 아니다
내 안의 충동이 두렵다.

그렇게 소멸되길 바라는가?

혹은

내 존재의 심연 어딘가에서

누군가 기다리는 걸까

방아쇠가 당겨지길?

1961년 7월 6일

피곤하고
외롭다.
지쳐서
마음마저 아프다.
비탈 아래로
녹은 눈물이 흐른다.
손가락은 굳어 있고
무릎은 떨린다.
바로 지금이다.
지금이야말로, 놓아선 안 되는 순간이다.

다른 이들의 길에는
쉴 곳이 있다.
햇살 아래
함께 머물 곳.
하지만 이 길이
너의 길
그리고 바로 지금
지금이야말로, 배신해서는 안 되는 순간이다.

울어라

울 수 있다면

울어라

그러나 불평하지 말라.

길이 너를 택했으니—

너는 감사해야 한다.

1961년 7월 19일

자비를 베푸소서

우리에게.

불쌍히 여기소서

우리의 분투를.

우리가

당신 앞에서

사랑과 믿음 안에서

의로움과 겸손 앞에서

당신을 따를 수 있도록,

절제와 충실함과 용기를 가지고

당신을 맞이하길

고요 속에서.

우리에게 주소서

깨끗한 마음을

당신을 볼 수 있도록,

겸손한 마음으로

당신의 음성을 들을 수 있도록,

사랑의 마음으로

당신을 섬길 수 있도록,

믿음의 마음으로
당신 안에서 살 수 있도록.

당신을
알 길은 없지만
나는 당신께 속합니다.

당신은
내가 이해하지 못하는 분이지만
나를 정하셨습니다
운명에 헌신하도록.
당신은—

1961년 7월 30일

눈을 떴다

다시 들려온다

깨어 있는 상태에서

나를 깨운 그 외침이.

깨어 있으면서도

멈추어 버린 익사자처럼

바닷속 깊은 어둠 속에서

쏟아져 들어오는 빛에 부식된 채로

모든 곳에서

그리고 아무 데도 아닌 곳에서.

들었다

마지막으로

저 멀리서 들려오는

외침을

두려움 속 외로움에서

역경의 연대에서 터져 나오는 소리를.

쫓기던 자는 누구

또 말없이 그를 좇던 자는.

안개 바다 위

검은 나무들 사이로,

새벽이 오기 훨씬 전에는?

1961년 8월 2일

"땅이 갈라지도록 흔드셨으나 이제 흔들려 터진 틈을 메워주소서."

— 시편 60°

"…악한 자의 종말을 깨달았습니다. 당신은 그들을 미끄러운 언덕에 세우셨고 패망으로 빠져들게 하셨습니다."

— 시편 73◎

"그제야 그들은 기억하였다. 하나님이 그들의 바위이심을."

— 시편 78°

전능하신 이여…

용서하소서.

나의 의심을

나의 분노를

나의 교만을.

나를 꺾으소서

당신의 은총으로.

나를 일으키소서

당신의 엄정함으로.

1961년 8월 6일

소란한 무리로부터 멀리 떨어져
울창한 나무 아래 푸른 어둠과
오솔길을 덮은 가지들
표범의 눈이
한밤의 어둠 속에 빛나고
그는 혼자였다
하얀 방 안에는
계단 난간, 그리고 매달린 밧줄
그는 창틀에 앉아
눈 내리는 모습을 바라보았다
그리고 쏜살같이 지나는 차들
반짝이는 불빛.

아무도 보지 못했다
밧줄의 올가미 속으로
몸을 던져 숨이 막히고
가슴이 조여들어 질식해 가던 그를.
아무도 보지 못했다—
그리고 누구도 알지 못했다
기쁨을 향한 그의 노력을

믿음의 순간을

그를 따라다니던 불안을

그리고 희미하게만 남아 있는

그 무언가를 그는 갈망했던가?

그럼에도 우리는 모두 그를 아꼈다

그리고 그를 그리워했다

오랫동안.

1961년 8월 6일

광활한 초원
초록 물결
능선을 타고 넘실대는
흰 거품 같은
천 송이 데이지꽃.
발그레하다
한여름 태양이
붉게 저물 때
아지랑이 위로
포킵시[○]를 향해.

일곱 주가 지나
일곱 가지 꽃이
꺾이고
이제 옥수수가 열린다
무르익는 열매
이곳이었나,
낙원이 어른거린 곳이
잠깐
한여름 밤에?

1961년 8월 24일○

새로운 땅인가
또 다른 현실
그날을 지나?
나는 이미 거기서 살아왔던가
그날 이전에?

눈을 떴다
평범한 회색빛 아침
거리에서 반사된 빛 속에
눈을 떴다—
짙푸른 밤으로부터
수목 한계선을 넘어
달빛이 황야를 비추고
산등성이에는 그림자가 드리웠다.
기억이 났다
다른 꿈들이
기억이 났다
같은 산악지대.
나는 그 능선을 두 번 넘었고
가장 깊은 호숫가에 머물렀으며

강물을 따라

그 근원을 향해 걸었다.

계절이 바뀌고

빛도

날씨도

시간도

하지만 그곳은 같은 땅이다.

그리고 나는 그 지도의 모양과

방향을 깨닫기 시작했다.

주

p. 25

이 일기를 발견한 사람은 함마르셸드의 비서로 일했으며 사적으로 친밀했던 페르 린드(Per Lind, 1916-2012)다. 그는 1951년 스웨덴 외무부 유럽평의회 담당관으로 일하면서 함마르셸드를 처음 알게 되었다. 1953년 유엔 사무총장으로 선출된 함마르셸드는 린드에게 비서직을 맡아달라고 요청했고, 제안을 받아들인 린드는 1955년 말 외무부로 복귀하기까지 3년간 공사(公私) 양면에서 함마르셸드와 갖가지 경험을 공유했다. 공교롭게도 1961년 9월 초, 비행기 추락 사고(18일)가 일어나기 전, 뉴욕의 함마르셸드는 스톡홀름의 린드에게 짧은 편지를 보내어 '혹시 무슨 일이 생기면 내 사무실과 집에 있는 사적인 글들을 챙겨달라'고 당부했다. 이후 뉴욕으로 건너간 린드는 유엔 사무국의 협조 아래 함마르셸드의 기록물을 정리했다. 『이정표』 원고는 침대 테이블에 놓여 있었으며, 그 안에는 레이프 벨프라게(Leif Belfrage, 1910-1990)에게 전하는 편지가 들어 있었다. 함마르셸드의 기록물은 전부 고국으로 옮겨졌고 스웨덴 왕립도서관에 소장되었으며, 2017년 유네스코 세계기록유산으로 지정됐다.

○ 함마르셸드가 이 자리에 쓴 영어 단어 'profile'에는 측면에서 본 얼굴, 무언가의 가장자리나 윤곽, 간략한 전기(약력) 등의 뜻이 있다.

p. 26

○ 함마르셸드의 일기는 사후 2년째인 1963년, 미편집 원고 전편을 수록한 형태로 스웨덴 스톡홀름에서 처음 출간되었다. 1964년에는 영문학자이자 작가인 W. H. 오든(W. H. Auden, 1907-1973)과 스웨덴 번역가 레이프 셰베리(Leif Sjöberg, 1925-2000)의 협업으로 'Markings'라는 제목을 단 영역본이 뉴욕과 런던에서 동시 출간됐다. 네덜란드어(1965), 독일어(1965), 프랑스어(1966), 이탈리아어(1966), 일본어(1967) 번역본도 연이어 선을 보였다. 한국어의 경우 오든과 셰베리의 영역본을 우리말로 옮긴 책이 처음 출간되었다(고직만 옮김, 『우리를 위한 나의 시간을 찾아서』, 하늘땅, 1991). 본서 『이정표』는 스웨덴어 원전을 저본으로 하여 전문을 옮긴 최초의 한국어 번역본이다. 현재 '이정표'는 20개 이상의 언어로 전 세계에 소개되었다.

◎ '주'는 원주, 그리고 번역자와 편집자가 함께 작성한 주의 두 가지

로 구성된다. 원주에 정보를 추가한 경우는 (+) 기호를 붙였다.

p. 27

○ 스웨덴 작가이자 배우인 베르틸 말름베리(Bertil Malmberg, 1889-1958)의 말이다(원주).

p. 28

1925-1930 1925년, 함마르셸드는 막 스무 살이 되었다. 이 시기에 그는 부모님과 함께 웁살라(Uppsala)에 살면서 웁살라 대학에서 언어학·문학·역사학·실천철학을 공부했다. 함마르셸드는 1923년 대학에 입학하여 1925년 우등으로 학사학위를 취득했고 1928년에는 경제학 학위를 받았다. 이후 2년간 법학을 공부했다.

스웨덴 중부 우플란드(Uppland)의 주지사(1907-1930, 1914-1917에는 총리직 수행)였던 아버지로 인해 가족은 관사인 웁살라 성에서 거주했다. 16세기 바사 왕조기의 고딕 건축물인 이 성에선 온 도시가 한눈에 바라다보였다.

스톡홀름이 수도가 되기 전 스웨덴의 정치, 종교, 학문을 이끌었던 고도(古都)이자 북유럽 신들의 땅인 아스가르드가 있는 곳으로 여겨졌던 웁살라는 함마르셸드의 성장기에 깊이 연관되었으며, 그곳 생활과 삶의 장면들은 원풍경으로 자리했다. 그 기억은 1959년 8월 7일의 일기로 남긴 시 「웁살라에서」를 통해 엿볼 수 있다. 특히 1961년 여름, 뉴욕에서 쓴 마지막 기고문인 「성 언덕배기(Slottsbacken)」(1962년 발행된 『스웨덴관광협회 연감』 수록) 도입부에서, 그는 "시간을 초월하면서도 순간적이고, 일반적이면서도 개인적인 성찰과 관찰—내 기억 속에 살아 있는 웁살라 성 언덕의 한 부분이다. 그곳이 내게 집이자 학교이자 놀이터였던 시절이 훌쩍 지났어도"라고 회상한다. 함마르셸드의 유해는 웁살라의 가족묘지에 안장되었으며, 웁살라 성에는 그를 기리는 공간인 '평화의 집(fredens hus)'이 마련되었다. 나고 함마르셸드 재단 본부 역시 웁살라 대학 소유의 고택(Geigersgarden)에 자리를 잡았다.

1930년, 함마르셸드는 웁살라 대학에서 법학 학사학위를 취득했으며, 실업위원회 서기로 임명되었다. 아버지의 퇴직으로 일가는 스톡홀름으로 이주했다. 세계 대공황(1929-1939)이 확산하던 이 시기에 함마르셸드는 스톡홀름 대학에서 경제학 박사과정을 시작했다.

p. 32

○ 누가복음 18:9-14 참조.

p. 33

1941-1942 1931년에서 1940년 사이의 일기는 '이정표'에 없다.

1933년 11월 경제학 박사논문을 발표한 함마르셸드는 실업위원회 서기직을 수행하면서 3년간 스톡홀름 대학에서 경제학 조교수로 강의했고, 1935년에는 스웨덴 중앙은행 서기에 임명되었다. 이후 공직에 정식으로 입문하여 1936년부터 스웨덴 역사상 최연소 재무부 차관으로 일했다. 이 시기 스웨덴에서는 1932년 총선거에서 사회민주노동자당이 승리하여 정권을 잡았으며, 유럽에서는 전체주의와 사회주의가 확산하고 있었다.

1940년, 제2차 세계대전(1939-1945)이 발발하고 일 년 후인 이해 1월 함마르셸드의 어머니가 세상을 떠났다.

1941년, 함마르셸드는 스웨덴 중앙은행 총재로 선출되었다.

p. 35

○ 누가복음 11:24-26, 요한계시록 3:20 참조.

◎ 스웨덴의 시인 빌헬름 에케룬드(Vilhelm Ekelund, 1880-1949)의 말이다(원주).

p. 37

○ 고린도전서 13장 참조.

p. 38

○ 마태복음 6:9-13 참조.

p. 40

1945-1949 1943년에서 1944년까지 2년간의 기록도 '이정표'에 없다. 제2차 세계대전의 와중에 함마르셸드는 계속해서 재무부 차관으로 일했으며 스웨덴 중앙은행 총재직을 수행했다.

1945년, 아버지와 함께 지내던 생활을 정리하고 아파트로 이사했다. 한편 이해 10월 24일, 유엔(UN, 국제연합)이 공식 출범했다.

1946년, 스웨덴 외무부 재정 고문으로 임명되었다. 1947년에는 7월부터 9월까지 개최된 열린 파리회의 곧 유럽경제협력회의(CEEC)에 스웨덴 대표로 참석했다. 1948년에는 OECD의 전신인 유럽경제협력기구(OEEC, Organization for European Economic Co-operation)에 스웨덴 대표부로 참여했다. 서유럽 국가들의 경제협력을 꾀하고 전후 복구를 도우려는 마셜 계획의 일환으로 설립된 이 기구에서, 함마르셸드는 기민한 통찰력과 뛰어난 외교력, 민첩한 행동력으로 각국 인사들의 이목을 끌었다. 특히 첫 일 년간 집행위원회 부의장으로 일했던 까닭에 주중 대부분의 시간을 파리에서 보냈다.

p. 41

○ 1916년 노벨문학상을 수상한 스웨덴 작가 베르네르 폰 헤이덴스탐(Verner von Heidenstam, 1859-1940)의 시 「야이로의 딸(Jairi dotter)」(1944년 출간된 『전집(*Samlade verk*)』 제6권 수록)의 한 구절이다(원주+). 야이로의 딸에 대해서는 마가복음 5:21-43 참조.

p. 45

○ 스웨덴 작가 에리크 블롬베리(Erik Blomberg, 1894-1965)의 시 「종달새(Lärkan)」(1943년 출간된 시집 『밤의 눈(*Nattens ögon*)』 수록)의 일부다(원주+).

p. 46

○ 이탈리아 피렌체 태생의 시인 단테 알리기에리(Dante/Durante degli Alighieri, 1265-1321)를 가리킨다. 단테는 명망 높은 철학자이자 정치가였

던 브루네토 라티니(Brunetto Latini)에게서 배우고 유수 지식인들과 교류하는 등 전도유망한 젊은이였으나 교황파(구엘프)와 신성로마제국 황제파(기벨린) 사이의 당파 싸움에 휘말려 부정부패 등의 이유로 공직을 금지당하고 추방자 신세가 되었다. 이후 열병으로 사망하기까지 망명 생활을 하면서 시와 논문 등을 남겼다. 당시 교양어였던 라틴어 대신 토착어인 이탈리어로 쓴 장편서사시 『신곡(*La Divina Commedia*)』(1472)에서 단테는 지옥·연옥·천국으로의 여정이라는 형식을 통해 당대 사회상을 비판하고 인간의 욕망과 죄악, 그 영혼의 정화와 구원의 가능성을 그린다.

p. 58

○ 마태복음 16:13-28 참조. 함마르셸드는 24절을 떠올렸을 것이다(원주). "이에 예수께서 제자들에게 이르시되 누구든지 나를 따라오려거든 자기를 부인하고 자기 십자가를 지고 나를 따를 것이니라."(개역개정)

p. 59

1950 함마르셸드는 파리 유럽경제협력기구(OEEC) 업무를 마치고 복귀했다. 1월에는 영연방과 스칸디나비아 3국(스웨덴·노르웨이·덴마크)의 경제 동맹인 유니스칸(UNISCAN) 협의에서 스웨덴 대표부를 이끌었다.

○ 스웨덴계 핀란드 시인이자 성직자인 프란스 미카엘 프란센(Frans Michael Franzén, 1772-1847)이 쓴 1818년작 찬송시에서 인용했다. 함마르셸드는 새해를 맞이하는 날마다 일기를 이 구절로 시작하곤 했으며, 그의 어머니는 이 찬송시를 새해 전야에 자주 낭독했다(원주). 이 구절이 포함된 5절 전문은 이러하다. "세상 모든 것이 얼마나 공허한지, 그 즐거움은 얼마나 짧은지! 곧 밤이 다가온다. 그때 우리는 각자 이곳을 떠날 것이다. 그렇다면 여기 이 모든 행복은 무엇이겠는가? 그 약속과는 반대로: '내가 있는 곳에, 내가 있는 그곳에 또한 너희도 있노라.'"

◎ 요한복음 14:3 참조(원주). "가서 너희를 위하여 거처를 예비하면 내가 다시 와서 너희를 내게로 영접하여 나 있는 곳에 너희도 있게 하리라."(개역개정)

p. 69

○ 요한복음 12:8.

p. 75

○ '이 무한한 공간'은 프랑스 철학자 블레즈 파스칼(Blaise Pascal, 1623-1662)의 저서 『팡세(*Pensées*)』(1670)에서 인용했다.

p. 82

○ 이마누엘 칸트(Immanuel Kant, 1724-1804)의 말이다. 함마르셸드는 이 주장이 담긴 칸트의 저서 『윤리형이상학 정초(*Grundlegung zur Metaphysik der Sitten*)』(1785)를 소장하고 있었다.

p. 87

1951 함마르셸드는 스웨덴 외무부 차관보이자 내각 무임소장관이 되었다. 그리고 유엔총회 스웨덴 대표부 부단장으로도 선출되었다.

○ 독일의 신비주의자이자 도미니크회 수도사인 마이스터 에크하르트(Meister Eckhart, 1260-1327)의 말이다. "Wie können wir jemals Verkürzte oder Betrogene sein: wir mit jeglichem Lohn längst Überlohnten…."(원주)

p. 89

○ 미국계 영국 작가인 T. S. 엘리엇(Thomas Stearns Eliot, 1888-1965)이 쓴 연작시 『사중주 네 편(*The Four Quartets*)』 가운데 두 번째 시 「이스터 코커(East Coker)」(1940)의 한 구절이다. "Old men ought to be explorers."(원주+)
◎ 스웨덴에는 성목요일에 마녀들이 지팡이를 타고 마법의 산으로 날아가 부활절이 지나는 동안 잔치를 벌인다는 이야기가 있다. 1951년의 성목요일은 3월 22일이었다.

p. 91

○ 스웨덴의 군인왕 칼 12세(Karl XII, 재위 1697-1718)도 스스로 왕관을 쓰고 권좌에 올랐다고 한다(원주). 부왕의 급사로 인해 열다섯 살에 즉위한 칼 12세는 발트해의 패권을 둘러싸고서 러시아(루스 차르국)가 주도하고 덴마크-노르웨이, 폴란드-리투아니아 등이 연합해 스웨덴을 침공했던 소위 대 북방전쟁을 치르는 동안 쟁쟁한 상대들을 연이어 격파했다. 기세가 오른 칼 12세와 스웨덴군은 표트르 1세와 대결하고자 모스크바로 진격했으나 그 길목에서 러시아군에 대패했다. 결국 칼 12세는 러시아의 숙적이었던 오스만튀르크령으로 후퇴했고, 그 사이 스웨덴은 주변국의 도발에 시달렸다. 가까스로 귀국한 칼 12세는 페스트가 유행하고 흉년이 든 데다 국고도 바닥난 상황에서 병력을 추슬러 노르웨이의 한 요새를 포위 공격하지만, 이내 근거리 저격탄을 맞고 전사했다. 한때 '북방의 알렉산더 대왕'으로 불렸던 칼 12세의 호전성과 도전적인 성향은 조국 스웨덴을 쇠퇴의 길로 몰아넣었다는 평을 받는다. 그의 사후 스웨덴에서는 왕권이 약화하고 귀족이 득세하는 '자유시대'가 열렸다. 칼 12세의 이름은 함마르셸드가 1959년 8월 9일에 쓴 일기 속 하이쿠에도 등장한다.

◎ 출애굽기 34:29 참조. "모세가 그 증거의 두 판을 모세의 손에 들고 시내 산에서 내려오니 그 산에서 내려올 때에 모세는 자기가 여호와와 말하였음으로 말미암아 얼굴 피부에 광채가 나나 깨닫지 못하였더라."(개역개정)

p. 92

○ 메피스토(Mephisto) 또는 메피스토펠레스(Mephistopheles)는 독일의 파우스트 전설에 등장하는 악마의 화신으로서 말로(Christopher Marlowe, 1564-1593), 괴테(Johann Wolfgang von Goethe, 1749-1832), 구노(Charles-François Gounod, 1818-1893) 등 유럽의 유수 작가들이 소설, 희곡, 오페라 등 다양한 형태로 그 이야기를 작품화했다.

◎ 허먼 멜빌(Herman Melville, 1819-1891)의 장편소설 『모비딕(*Moby Dick*)』(1851)에 등장하는 에이해브(Ahab) 선장을 가리킨다(원주).

○ 15세기와 16세기 초에 유럽 탐험가들이 사용했던 소형 범선이다.

p. 97

○ 요한복음 13:19-21, 36-38 참조(원주).

◎ 요한복음 1:29.

p. 98

○ 요한복음 13:34.

p. 99

○ 고린도전서 13:2 참조.

p. 100

○ 대륙검은지빠귀(Koltrastens)는 스웨덴에서 흔히 볼 수 있는 새로 플루트 음색을 닮은 청아한 소리를 낸다. 1962년에 스웨덴 국조로 지정되었다.

p. 103

○ 스웨덴의 작가이자 작곡가인 비르예르 셰베리(Birger Sjöberg, 1885-1929)의 시 「죽음의 희미한 순간(Bleka dödens minut)」의 일부다(원주+).

p. 110

○ 1951년 일기에 연이어 기록된 대자연과의 조우는 라플란드(Lappland)를 찾았던 경험을 반영하는 듯하다. 라플란드는 스웨덴 최북단 노를란드 지역의 일부로 북극권에 속하며 노르웨이, 핀란드와 국경을 접한다. 스웨덴에서 가장 높은 산맥들이 연이어 펼쳐져 있으며 여름에는 백야, 겨울에는 오로라를 체험할 수 있다. 이해 초여름과 가을에 최소 두 번, 함마르셸드는 라플란드를 방문하여 여느 때처럼 하이킹을 즐겼다.

이로부터 3년 후인 1954년 4월 9일, 유엔 사무총장으로 취임하기 위해 뉴욕 국제공항에 내린 함마르셸드는 도착 성명에서 이렇게 말했다. "최근 보도된 기사에 제가 등산에 취미가 있다는 이야기가 있었습니다. 사실입니다. 하지만 저는 이름난 봉우리에 오른 적이 없습니다. 제 경험은 스칸디나비아 지역에 한정됩니다. 그곳을 오르는 일은 균형 감각보다는 인내심을 요구하며, 산들은 극적이기보다는 조화롭고, (이 맥락에서 이런 말을 써도 된다면) 거창하기보다는 사실적입니다. … 그리고 등산에 필요한 자질은 오늘날 우리 모두에게 필요한 것들입니다. 바로 인내심과 끈기, 현실에 대한 확고한 이해, 신중하고도 상상력 넘치는 계획, 위험에 대한 명확한 인식과, 운명은 우리가 만들어가는 것이라는 사실, 그리고 가장 안전한 등반가는 온갖 어려움을 극복할 수 있는 자기 능력에 결코 의문을 품지 않는 사람이라는 것 말입니다."

◎ 로도덴드론(Rhododendron)은 진달래과 식물이다. 1951년 초여름, 함마르셸드는 스웨덴 키루나(Kiruna)에서 노르웨이 나르비크(Narvik)로 향하는 길에 아비스코(Abisko) 지역의 토르네트레스크(Torneträsk) 호수에 위치한 산악 호스텔에서 하룻밤을 보냈다. 관리자의 회상에 따르면, 호수의 얼음이 깨지고 로도덴드론이 만발했다는 말을 들은 함마르셸드는 잠자리에 들기 전 산책에 나섰으며 다음 날 아침 식탁에서 전날 밤의 경험을 열정적으로 나누었다고 한다.

p. 112

○ 로드 짐은 조셉 콘래드(Joseph Conrad, 1857-1924)의 동명 소설 『로드 짐(*Lord Jim*)』(1900)의 주인공이다(원주). 도라민(Doramin)은 『로드 짐』에서 짐이 충성을 맹세한 부족의 지도자다. 짐의 잘못으로 아들을 잃은 뒤 짐에게 그 대가로 죽음을 요구한다.

p. 113

1952 이해에 함마르셸드는 유엔총회 스웨덴 대표부 단장직을 맡았다.

p. 114

○ 엠페도클레스(Empedokles, BC 5세기)는 고대 그리스 철학자다. 실험을 위해 스스로 에트나 화산에 몸을 던져 죽음을 맞았다는 전설이 있다. 함

마르셸드가 엠페도클레스를 언급한 데 대해서는 프리드리히 횔덜린(Johann Christian Friedrich Hölderlin, 1770-1843)이 쓴 『엠페도클레스의 죽음(*Der Tod des Empedokles*)』(1797-1800)의 독서 경험이 영향을 주었다고 보는 관점도 있다.

p. 115

○ 장 콕토(Jean Cocteau, 1889-1963)는 프랑스의 시인, 소설가, 영화감독이다. 그는 그리스 신화의 오르페우스와 에우리디케 이야기를 현대적으로 전유하여 독창적인 예술 실험을 담은 '오르페' 3부작을 완성했다. 그중 두 번째 작품인 〈오르페(Orphée)〉(1949)에는 거울을 통과해 죽음과 삶의 경계를 넘나드는 상징적 장면이 담겼다.

p. 116

○ '완성', '완결'이라는 뜻의 라틴어 *consummatio*는 이 글에서 '삶의 완성과 소멸'이라는 이중 의미를 나타낸다.

p. 118

○ 인쿠부스(Inkubus)는 중세 전설에서 꿈속에 나타나는 악령이다. 여기서는 '어둡고 무력한 내면의 존재'를 상징한다.

p. 119

○ 프리드리히 횔덜린의 시 「생의 절반(Hälfte des Lebens)」(1805)의 한 부분이다. "Die Mauern stehn / Sprachlos und kalt, im Winde / Klirren die Fahnen."(원주+)

p. 123

○ '죽음에 이르는 병'은 덴마크 철학자 쇠렌 키르케고르(Søren Aabye Kierkegaard, 1813-1855)가 '안티 클리마쿠스(Anti-Climacus)'라는 필명으로 발표

했던 1849년 저작의 제목(Sygdommen til Døden)이기도 하다.

p. 124

1953 1953년 초, 유엔 초대 사무총장이었던 노르웨이의 트뤼그베 리(Trygve Halvdan Lie, 1896-1968)가 사임했다. 유엔 안전보장이사회(이하 안보리) 상임이사국인 소련과의 갈등이 주원인으로, 한국전쟁에 대한 유엔군 파견을 안보리가 지지하도록 그가 유도했다는 것이 소련 측 주장이었다. 공산주의 국가의 반발과 미국발 매카시즘의 적색경보 속에 냉전 시대의 유엔은 안전 지향의 실무형 총장을 세울 필요에 직면했다. 비록 그 자신을 비롯한 많은 이들이 예상하지 못했지만, 국제 무대에서 활약했으며 행정과 관리에 능한 스웨덴 외교관인 함마르셸드는 이 자리에 적합한 인물로 보였다.

4월 7일에 열린 제423차 유엔총회에서 함마르셸드는 제2대 유엔 사무총장으로 선출되었다. 4월 9일에 뉴욕에 도착했으며, 4월 10일에 취임 선서를 했다. 뉴욕 국제공항에서 함마르셸드를 맞이한 트뤼그베 리는 그에게 "세상에서 가장 힘든 일(the most impossible job in the world)"을 하게 될 것이라고 말했다.

취임 후 첫 일 년 동안, 함마르셸드는 유엔 사무국을 정비하면서 4천여 명의 직원들이 국적을 떠나 유엔 소속의 정체성과 책임감을 가지고 일할 수 있게 힘을 쏟았다. 이 과정에서 미국인 직원들을 검열하기 위해 유엔에 상주해 있던 미 연방수사국(FBI) 사무소를 철수시켰다. 그리고 '조용한 외교(Quiet Diplomacy)'라는 자신의 정치철학과 사무총장의 공적 책임, 유엔이라는 독립 기구의 특수성과 존재 목적을 언론과 대중을 향해 전달했다. 다만 일기에는 이러한 공직 생활의 구체적인 장면들이 담기지 않았다.

함마르셸드는 당시 유명 언론인이었던 에드워드 머로(Edward R. Murrow, 1908-1965)의 라디오 프로그램에 출연하여 "새로운 세상의 옛 신조들(Old Creeds in a New World)"이라는 제목의 짧은 연설을 했다. 그는 이날 반종교개혁 시대 에스파냐의 신비주의자이자 시인인 십자가의 성 요한(Juan de la Cruz, 1542-1591)이 쓴 문장을 빌려 "믿음은 하나님과 영혼의 연합"(『어둔 밤(*La noche oscura del alma*)』 제1편 제11장)이라고 언급했다. 함마르셸드는 몇 달 후 1954년의 일기에 다시 한번 이 문장을 적어넣는다.

○ 소포클레스(Sophokles, BC 5세기)는 고대 그리스의 비극 시인

이다. 아테네 무구장인의 아들로 정치가와 군인으로 일했으며 사후 '덱시온(Dexion)'이라는 영웅 칭호를 받았다. 시인으로서는 인간 운명에 대한 깊이 있는 탐구, 치밀한 구성과 정교한 대화, 완벽한 기교를 구사하여 비극 예술을 완성했다는 평가를 받는다. 130여 편의 작품을 썼다고 알려졌으나 오늘날 완전한 형태로 전해지는 것은 『오이디푸스 왕』, 『안티고네』, 『엘렉트라』 등 7편이다.

◎ "하나님은 인간을 들어 올리기도 하시고 내치시기도 하시는 분이다." 이 문장은 독일 극작가 실러(Friedrich Schiller, 1759-1805)와 괴테(1749-1832)가 함께 쓴 경구 모음집인 『크세니엔(*Xenien*)』(1795) 제407편의 변형이다. "Gud welcher den Menschen zermalmt, wenn er den Menschen erhebt."(원주+)

---

p. 125

○ 스웨덴 시인 군나르 에켈뢰프(Gunnar Ekelöf, 1907-1968)의 시 「데이지가 말하길(Prästkrage säg)」(1936년 출간된 시집 『슬픔과 별(*Sorgen och stjärnan*)』 수록)의 일부다(원주+). 함마르셸드는 1958년 4월 10일, 유엔 사무총장으로서 두 번째 임기를 시작하며 직원들에게 한 연설에서 이 시구를 다시 인용했다.

---

p. 126

○ 1953년 4월 7일은 『이정표』에서 구체적인 날짜가 표기된 첫 번째 날이다. 이날 유엔총회에서 함마르셸드는 제2대 유엔 사무총장으로 선출되었다.

◎ 토마스 아 켐피스(Thomas à Kempis, 1380경-1471)는 독일 태생의 신학자로, 이 글은 그의 저술이자 준주성범(遵主聖範)으로 불리는 『그리스도를 본받아(*De Imitatione Christi*)』 제2권 제10장에서 인용했다. 『그리스도를 본받아』는 본래 라틴어로 기술되었지만 '이정표'에는 프랑스어 번역본이 수록됐다. "Estant fondez et affermis en Dieu, ils ne peuvent en aucune sorte estre superbe; & parce qu'ils rendent à Dieu tous les biens dont il les a comblez ils ne reçoivent point de gloire les uns des autres; mais ils ne desirent que celle de Dieu seul."(원주+)

함마르셸드는 토마스 아 켐피스의 글을 다수 인용하며, 일기에서 '토마스'라고만 표기한 인물은 대체로 그를 가리키는 듯하다. 함마르셸드는 『그리스도를 본받아』를 애독했다.

p. 131

1954 이해 내내 함마르셸드는 유엔 사무국 개편 작업에 힘을 쏟았고 기자회견과 브리핑, 공개 강연 등을 통해 유엔의 존재 목적과 특수성을 알리고자 했다. 5월 연설에서는 "유엔은 인류를 천국으로 인도하기 위해 만들어진 것이 아니라, 인류를 지옥에서 구하기 위해 만들어졌다"라고 말하기도 했다. 8월에는 미국 일리노이주 에번스턴에서 열린 제2차 세계교회협의회(WCC) 총회에서 연설하면서 에큐메니컬 운동을 처음 접했던 학창 시절을 회상했다. 또 스웨덴 한림원 회원이었던 아버지 얄마르 함마르셸드의 후임으로 선출되었는데, 부자(父子)가 자리를 물려받은 것은 한림원 역사상 처음 있는 일이었다.

이 모든 일 가운데 당시 가장 주요한 국제 분쟁이었던 중국에 억류된 미군의 석방 문제를 해결하기 위해 움직였다. 1954년 11월, 중국은 주한 유엔군 사령부 소속 미 공군 장병 11명, 민간인 2명 등 총 13명에 대해 한국전쟁 당시 간첩 행위를 했다면서 유죄 판결을 내렸다. 유엔은 억류된 장병들이 전쟁포로라는 입장을 전했지만, 중국은 이들을 자국법으로 다스리려고 했다. 중국과 직접 협상을 꺼렸던 미국 측은 유엔이 중재에 나서주기를 기대했고 12월 6일, 유엔총회는 격렬한 논쟁 끝에 사무총장인 함마르셸드가 유엔 주재 미국대사와 협의하여 이 문제를 중재하도록 하는 결의안을 통과시켰다. 이는 유엔총회가 인도주의 목적이 아닌 다른 이유로 사무총장에게 중재를 요청한 첫 사례였다. 그 사이 중국 측도 회담 요청에 응하여 이듬해인 1955년 1월, 함마르셸드는 베이징을 방문해 저우언라이(周恩來, 1898-1976)와 만날 예정이었다. 1954년 12월 10일, 25일, 그리고 30일에 쓴 일기는 베이징 방문과 연결하여 읽을 수 있다.

p. 132

○ 에스파냐의 신비주의자이자 시인인 십자가의 성 요한(1542-1591)의 『어둔 밤』 제1권 제11장에서 인용했다(원주+).

p. 134

○ 스웨덴 작가인 카린 보위에(Karin Boye, 1900-1941)의 시 「그래, 아프기 마련이다(Ja visst gör det ont)」(1946년에 출간된 시집 『나무를 위하여(*För trädets skull*)』 수록)의 마지막 두 행이다(원주+).

p. 138

○ 출처 미상의 글이다. "For man shall commune with all creatures to his profit but enjoy God alone."(원주) 이 글의 출처를 아우구스티누스에게서 찾기도 한다. 토마스 아 켐피스의 『그리스도를 본받아』 제2권 제5장에도 이와 유사한 구절이 있다.

p. 139

함마르셸드는 소장하고 있던 『영국성공회 기도서(*Book of Common Prayer*)』에 수록된 시편을 인용한 것으로 보인다. 이에 따라 시편의 경우, 『대한성공회 기도서』(2004) 번역문을 따르되 '하느님'은 '하나님'으로 고치고 원문과 개역개정본은 주에 첨부했다. 판본에 따라 수록 절이 다른 경우 모두 병기했다.

○ 시편 62:12-13(원주), 시편 62:11-12(대한성공회·개역개정). "God spake once, and twice I have also heard the same: that power belongeth unto God; and that thou, Lord, art merciful: for thou rewardest every man according to his work."(원주) "하나님이 한두 번 하신 말씀을 내가 들었나니 권능은 하나님께 속하였다 하셨도다. 주여 인자함은 주께 속하오니 주께서 각 사람이 행한 대로 갚으심이니이다."(개역개정)

◎ 시편 139:9-10. "If I take the wings of the morning and remain in the uttermost parts of the sea, even there also shall thy hand lead me."(원주) "내가 새벽 날개를 치며 바다 끝에 가서 거주할지라도 거기서도 주의 손이 나를 인도하시며…."(개역개정)

p. 140

1955 새로운 해가 시작되었고, 함마르셸드는 중국에 있었다. 1954년 12월 30일부터 1955년 1월 13일까지 함마르셸드는 베이징에 체류하면서 저우언라이와 회담에 나섰다. 당시 함마르셸드는 자신은 유엔총회 결의안에 명시된 내용을 그저 대변하는 것이 아니라, 유엔헌장에 따라 독립기관으로서 사무총장의 역할을 행하는 것이라고 말했다. '베이징 공식(Peking Formula)'으로 불리는 이 독특한 입장에 기반하여 함마르셸드는 이후 분쟁 해결과 평화 유지에 대한 다양한 외교 활동을 해나갈 수 있었다.

협상은 봄에서 여름 내내 계속되었다. 1월 31일, 유엔 안전보장이사회가 중국을 초청했다. 4월에는 인도네시아 반둥에서 열린 비동맹국 회의가 끝난 후 저우언라이가 미국과의 직접 협상을 요구했다. 미국은 이에 응했지만, 중재자로는 유엔 주재 인도대사인 크리슈나 메논(V. K. Krishna Menon, 1896/97-1974)을 내세웠다. 5월 29일에는 4명의 미군이 석방되었다. 그리고 8월 1일, 남은 11명의 석방 소식이 발표되었다.

여러 가지 상황과 제약이 있었지만, 함마르셸드의 외교 수완은 널리 인정받았고 유엔 사무총장의 역할도 강화되었다. 중국의 유엔 가입에 진전은 없었으나 미국과 중국 사이의 긴장은 다소 완화되었다. 함마르셸드는 이해의 연례보고서에 안보리 이사국이 비공식·비공개 회의를 통해 안보 관련 동향을 지속적으로 파악하여 위기 상황에 공조할 수 있게끔 하자는 의견을 제시했다. 이러한 함마르셸드의 제안은 '예방 외교(Preventive Diplomacy)'로 불린다.

○ 스웨덴 시인이자 웁살라 대학의 교수였던 에리크 구스타브 예이예르(Erik Gustaf Geijer, 1783-1847)의 찬송시에서 인용했다. 전문은 이러하다. "당신은 십자가를 지셨습니다. 당신의 영광은 온 하늘에서 찬양받으며, 당신의 능력은 한계를 알 수 없습니다. 당신은 우리에게 보여주시기 위해 제쳐두셨습니다. 그 사랑으로 얻지 못할 것은 전혀 없습니다. 고통을 겪으시는 사랑으로."

◎ 마울라나 잘랄루딘 루미(Jalāl al-Dīn Rūmī, 1207-1273)의 문장이다. "The lovers of God have no religion but God alone."(원주) 루미는 13세기 페르시아의 신비주의 시인이자 철학자로서 신과의 사랑과 일체를 노래했다.

○ 토마스 아 켐피스의 『그리스도를 본받아』 제3권 제33장에서 인용했다. "Plus l'œil de l'intention est pur, plus l'âme trouve en soi de force….

Mais il est très-rare de trouver une âme entièrement libre, et dont la pureté ne soit point ternie de quelque tache d'une secrète recherche d'elle-même. …Travaillez donc à purifier l'œil de votre intention afin qu'il soit simple et droit."(원주+)

p. 144

○ 어려운 일의 타개책을 나타내는 관용구다. 그리스 신화에서 크레타의 공주 아리아드네가 미궁에 들어간 테세우스에게 길을 잃지 않도록 실타래를 주어 그가 무사히 탈출할 수 있도록 도운 이야기에서 유래한다.

p. 146

1955년 7월 29일은 함마르셸드의 50번째 생일이었다. 휴가를 받은 함마르셸드는 7월 23일부터 열흘간 가까운 친구이자 예술가인 보 베스코브(Bo Beskow, 1906-1989)와 함께 스웨덴 최남단 스코네(Skåne)주의 항구마을에 머물며 발트해에서 낚시를 즐겼다.

당시 저우언라이는 함마르셸드와 친분을 유지하고자, 그리고 그의 50번째 생일 선물을 겸하여 중국에 억류된 미군 11명의 석방 시기를 조정했다고 알려져 있다. 하지만 전송 기기의 문제와 워낙 한적한 곳으로 휴가를 떠나 소식이 잘 닿지 않았던 사정으로 인해, 함마르셸드는 뭍으로 돌아온 8월 1일이 되어서야 중국 측 메시지를 전달받았다.

○ 토마스 아 켐피스의 『그리스도를 본받아』 제2권 제10장에서 인용했다. "Thomas: Pourquoi cherchez-vous le repos, vous qui n'êtes fait que pour le travail?"(원주+)

p. 148

○ 시편 62:11-12(원주), 시편 62:9-10(대한성공회·개역개정). "As for the children of men, they are but vanity. The children of men are deceitful upon weights.…Give not thyself unto vanity."(원주) "…사람은 입김이며 인생

도 속임수이니…탈취한 것으로 허망하여지지 말며….”(개역개정)

◎ 시편 115:1. “Not unto us, O Lord, not unto us but unto thy name give the praise….”(원주) “여호와여 영광을 우리에게 돌리지 마옵소서. 우리에게 돌리지 마옵소서. …주의 이름에만 영광을 돌리소서.”(개역개정)

p. 149

○ 마이스터 에크하르트의 설교문 「영혼의 회복에 관하여(Von der Erneuerung des Geistes)」의 마지막 부분이다. “Wie aber soll ich denn Gott lieben? — Du solist ihn lieben, wie er ein Nichtgott, ein Nichtgeist, eine Nichtperson, ein Nichtgestaltetes ist: vielmehr nur lautere, pure, klare Einheit, aller Zweiheit fern. Und in diesem Einem sollen wir ewiglich versinken vom Sein zum Nichts. Dazu helfe uns Gott.”(원주+)

p. 151

○ 스웨덴 시인 얄마르 굴베리(Hjalmar Gullberg, 1898-1961)가 쓴 『데스마스크와 에덴동산(*Dödsmask och lustgård*)』(1952)의 일부다.

p. 152

○ 마태복음 12:36 참조. “내가 너희에게 이르노니 사람이 무슨 무익한 말을 하든지 심판 날에 이에 대하여 심문을 받으리니.”(개역개정)

p. 155

○ 시편 77:15(원주), 시편 77:14(대한성공회·개역개정). “Thou art the God that doest wonders: and has declared thy power among the people.”(원주) “주는 기이한 일을 행하신 하나님이시라. 민족들 중에 주의 능력을 알리시고.”(개역개정)

p. 157

○ 시편 62:2-3(원주), 시편 63:1-2(대한성공회·개역개정). "O God, thou art my God—…in a barren and dry land where no water is. Thus have I looked for thee in holiness : that I might behold thy power and glory."(원주) "하나님이여, 주는 나의 하나님이시라…물이 없어 마르고 황폐한 땅에서…내가 주의 권능과 영광을 보기 위하여 이와 같이 성소에서 주를 바라보았나이다."(개역개정)

p. 158

○ 토마스 아 켐피스의 『그리스도를 본받아』 제3권 34장에서 인용했다. "Mais lors qu'ils goustent ainsi Dieu, soit dans luy-meme, soit dans ses ouvrages, ils reconnaissent en meme temps qu'il y a une difference infinie entre la creature & le Createur, entre le tems & l'eternité. … eclairez mon âme, et faites qu'elle trouve sa vie & sa joye en vous, afin qu'estant comme transportée hors d'elle par l'excès de son allegresse, elle s'attache à vous par toutes ses puissances & ses mouvements."(원주+)

p. 162

○ 토마스 아 켐피스의 『그리스도를 본받아』 제3권 제27장에서 인용했다. "Il faut donner tout pour tout."(원주+)

p. 163

1956 1956년은 혼돈기였다. 수에즈 운하를 둘러싸고 제2차 중동전쟁이 일어났고, 헝가리 혁명과 소련의 폭력적 내응 사태가 발생하여 유엔 사무총장의 외교 수완과 협상력이 절실히 요구되는 시기였다. 함마르셸드는 최선을 다해 대응했고 성공과 실패의 양극단을 경험했다. 특히 수에즈 운하 사태를 해결하는 과정에서 최초의 유엔 평화유지군(당시 명칭은 유엔 긴급군, UNEF)이 시나이반도에 배치되었으며, 함마르셸드와 당시 유엔 주재 캐나다 대사였던 레

스터 피어슨(Lester B. Pearson, 1897-1972)은 이후 세계가 공유할 '평화유지'라는 개념을 제시했다.

연초에는 사무총장으로서 첫 세계 순방에 나섰고 중동을 방문했다. 또 인도를 찾아 제12차 아시아·극동 경제위원회(ECAFE) 회의 개막 연설을 했으며 저개발 국가의 산업화와 생산성을 위한 방안을 구상하고자 했다. 3월에는 16개 유엔 신규 회원국 가입을 기념해 국기 게양식을 개최했는데, 이 자리에서 함마르셸드는 다음과 같이 연설했다. "이 깃발들은 단결의 힘, 즉 다양성 속에서도 형제애가 존재할 수 있다는 믿음, 공동의 이익을 위한 건설적인 협력이 전쟁의 대안이 될 수 있다는 확실한 믿음을 상징합니다."

4월에는 유엔 안보리의 요청으로 다시금 중동을 찾아 이집트, 이스라엘, 요르단, 레바논, 시리아로부터 정전협정 준수 약속을 받아냈다. 그러나 7월부터 중동 상황이 복잡해지기 시작했다.

1956년 6월, 비동맹주의를 표방하는 가말 압델 나세르(Gamal Abdel Nasser, 1918-1970)가 이집트 대통령에 당선되었다. 쿠데타 장교 출신의 나세르는 중화인민공화국을 국가로 인정하고 미국의 중국 봉쇄정책에 반대를 표했다. 이에 미국은 아스완하이댐 건설을 위한 자금원조 결정을 철회했고 영국과 세계은행의 지원마저 중단되었다. 그러자 나세르는 수에즈 운하 회사를 국유화하겠다고 발표했다. 당시 수에즈 운하는 영국과 프랑스가 공동 관리하고 있었기에, 양국은 이집트를 견제하고자 했던 이스라엘과 연대하여 운하를 점거했다.

8월 중순, 요르단-이스라엘 국경에서 정전협정 위반 사태와 보복 공격이 벌어져 양측에 사망자가 발생했다. 이스라엘은 10월 29일 이집트를 공격했고, 직후 영국과 프랑스가 이에 가담했다. 제2차 중동전쟁(1956.10.29-11.7)이 발발한 것이다. 함마르셸드는 즉각 휴전을 촉구했으나 상황은 악화되었다.

1956년 11월 1일, 유엔 역사상 첫 긴급 특별총회가 열렸다. 함마르셸드는 레스터 피어슨과 긴밀히 협의하여 피어슨의 이름으로 48시간 이내에 적대 행위를 중단할 것을 요구하는 결의안을 통과시켰다. 사무총장에게는 이를 위해 유엔 긴급군 구성 계획을 48시간 이내에 제출하라는 요구사항이 전달되었다. 함마르셸드는 즉시 행동에 나서 안보리 상임이사국을 제외한 캐나다, 덴마크, 노르웨이, 스웨덴, 핀란드, 유고슬라비아, 브라질, 콜롬비아, 인도, 인도네시아 등 10개국 병력으로 6천여 명의 유엔 긴급군을 구성했다.

함마르셸드와 이집트 정부가 접촉한 후 11월 15일, 수에즈 운하 지역과 시나이반도 등에 유엔군이 신속히 배치됐다. 이어 영국과 프랑스군이 수에즈 운하에서 철수했으며 이스라엘군은 1957년 3월 8일에 물러났다. 수에즈 운하는 이집트 소유가 되었다. 이로써 제2차 중동전쟁은 일단락되었다.

수에즈 사태가 절정에 달했을 무렵, 헝가리에서는 시민혁명이 발발했다. 1956년 10월 23일부터 11월 4일까지 헝가리 시민들이 공산주의와 소련 종속 정책에 반대하여 독립 시위를 벌였고, 일부 헝가리군이 이에 합세했으며 혁명 민병대도 조직되었다. 10월 25일, 소련은 온건파 신정부를 세워 일련의 개혁 조치를 발표했다. 그러나 신정부 측은 헝가리의 중립 선포 및 바르샤바 조약 기구 탈퇴, 소련군의 철수를 요구하며 서방과 유엔에 도움을 요청해 왔다.

소련의 흐루쇼프(Nikita Khrushchev, 1894-1971)는 즉각 신정부 측을 배신자로 간주하고 11월 4일 전차부대와 대규모 병력을 동원해 진압에 나섰다. 이로써 헝가리 시민 수천 명이 사망하고 20만 명 이상이 망명하는 등 최악의 유혈 사태가 발생했다. 서방 국가들은 분노를 표했지만, 11월 5일 헝가리에 새 정부가 수립되자 유엔에서 더 이상의 추가 논의에 반대한다는 의사를 함마르셸드에게 전달했다. 소련 역시 유엔이 개입해선 안 된다는 뜻을 분명히 전했다. 결국 유엔 대표단의 헝가리 방문은 무산되었고, 대안으로 조사를 위한 임시위원회가 구성되었다.

p. 165

○ 시편 106:30(원주), 시편 106:30-31(대한성공회·개역개정). "Then stood up Phinees and prayed: and so the plague ceased. And that was counted unto him for righteousness."(원주) "그때에 비느하스가 일어서서 중재하니 이에 재앙이 그쳤도다. 이 일이 그의 의로 인정되었으니…."(개역개정)

◎ 토마스 아 켐피스의 『그리스도를 본받아』 제3권 제18장에서 인용했다. "Car vostre vie sainte est nostre voye, & vostre adorable patience est le chemin par lequel nous devons tendre à vous."(원주+)

p. 166

○ 요한계시록 12:11(원주).

◎ 시편 130:4. "For there is mercy with thee: therefore shalt thou be feared."(원주) "그러나 사유(赦宥)하심이 주께 있음은 주를 경외하게 하심이니

이다."(개역개정)

○ 1956년 3월 30일은 성금요일이었다. 이 글은 파스칼의 『팡세』에 수록된 "예수 그리스도의 비밀"에서 인용했다. "Jésus sera en agonie jusqu'à la fin du monde: il ne faut pas dor mir pendant ce temps-là."(원주+)

p. 167

○ 마이스터 에크하르트의 말이다. "Es gibt ein zufälliges und wesensloses Wollen; und es gibt ein schicksalmässiges und schöpferisches, ein 'gewöhntes' Wollen. …Nie und nimmer gibt Gott sich in einem fremden Willen: wo er seinen Willen findet, da gibt er sich."(원주)

◎ 마이스터 에크하르트의 말이다. "Soll das Auge die Farbe gewahren so muss es selber zuvor aller Farben entkleidet sein."(원주)

p. 168

○ 아일랜드 작가 W. B. 예이츠(William Butler Yeats, 1865-1939)의 『환상(*A Vision*)』(1938)에서 인용했다. "The blessed spirits must be sought within the self which is common to all."(원주+)

p. 169

○ 요한복음 3:8(원주).

◎ 요한복음 1:5(원주).

p. 170

○ 오르무즈드(Ormuzd)는 '지혜로운 주님'이라는 뜻으로, 조로아스터교에서 최고의 신을 가리키는 고대 페르시아어 명칭이다. 오르무즈드는 악의 영 아리만(Ahriman)과 영원한 투쟁을 벌인다(원주). 조로아스터교에서 개는 정결한 동물이므로, 사원에서 개를 쫓아내려는 행동은 이치에 맞지 않는다.

p. 173

○ 시편 33:9. "For He spake, and it was done: He commanded, and it stood fast."(원주) "그가 말씀하시매 이루어졌으며 명령하시매 견고히 섰도다."(개역개정)

p. 174

○ 요한복음 11:50 참조(원주). "한 사람이 백성을 위하여 죽어서 온 민족이 망하지 않게 되는 것이 너희에게 유익한 줄을 생각하지 아니하는도다 하였으니."(개역개정)

◎ 노나라 유학자이자 공자(孔子)의 손자인 자사(子思, BC 5세기)의 말이다(원주). 자사가 공자의 말씀에 공자의 제자인 스승 증자(曾子)와 자기 사상을 더하여 지었다고 하는 『중용(中庸)』에서 인용했다.

함마르셸드는 미국 작가 에즈라 파운드(Ezra Pound, 1885-1972)가 영역한 『대학·중용(*The Great Digest & Unwobbling Pivot*)』(1951)에서 이 글을 가져왔으며 오기(tergivisation)까지 그대로 옮겼다. "Who has this great power to see clearly into himself without tergivisation, and act thence, will come to his destiny."(p.135) 원전에서 이 구절을 찾으면 "故大德者必受命"(17.5)에 해당한다. 『중용』 제17장은 순임금의 이상적 정치가 바로 중용의 실현이라는 점을 가르친다.

p. 175

○ 이사야 21:11-12(원주).

◎ 창세기 18:26, 18:32(원주).

○ 마태복음 10:19-20(원주).

p. 176

○ 이 글 역시 파운드의 영역 『대학·중용』(1951)을 옮긴 것으로, 네 부분(p.173, 179, 181, 183)에서 인용했다. "Only the most absolute sincerity under heaven can bring the inborn talent to the full and empty the chalice of the nature. He who can totally sweep clean the chalice of himself can carry the inborn nature of others to its fulfillment. …this clarifying activity has no limit, it neither stops nor stays. …it stands in the emptiness above with the sun, seeing and judging, interminable in space and in time, searching, enduring…. …unseen it causes harmony; unmoving it transforms; unmoved it perfects—."(원주+)

원전에서 첫 번째 말줄임표 전의 문장은 '천도(天道)'를 말하는 제22장 첫 부분에 해당한다. "唯天下至誠, 為能盡其性, 能盡其性, 則能盡人之性."

이어지는 세 문장은 역시 '천도(天道)'를 다룬 제26장에서 가져왔다. 각각 "故至誠無息."(26.1), "博厚所以載物也, 高明所以覆物也, 悠久所以成物也"(26.4)의 부분, 그리고 "如此者, 不見而章, 不動而變, 無爲而成"(26.6)에 해당한다.

◎ 세미나 모툼(Semina Motuum)은 '운동의 기원' 곧 인간 내면에 있는 생명력을 가리키는 라틴어 문구다(원주). 이 문구와 '자라나는 나무'는 파운드의 영역 『대학·중용』(1951)에서 인용한 것으로 보인다. 『대학』은 공자의 말을 그 제자인 증자(曾子, BC 6-5세기)가 풀어 쓴 글로 알려졌으나 성립 과정을 확정하기는 어렵다. "One humane family can humanize a whole state; one courteous family can lift a whole state into courtesy; one grasping and perverse man can drive a nation to chaos. Such are the seeds of movement(semina motuum, the inner impulses of the tree). That is what we mean by:"(p.59, 61) 원전은 이러하다. "一家仁, 一國興仁, 一家讓, 一國興讓, 一人貪戾, 一國作亂, 其機如此, 此謂一言僨事, 一人定國."

○ 함마르셸드는 파운드의 영역 『대학·중용』에서 문장을 인용하고 자신의 말을 괄호에 넣어 덧붙였다. "—looking straight into one's own heart(som vi förmå i Fadersgestaltens spegel)— watching with affection the way people grow(som i Sonens efterföljd)— coming to rest in perfect equity(som i Andens gemenskap)."(원주+)

이 문장이 포함된 원전은 "大學之道, 在明明德, 在新民, 在止於至善"(1.1)이다.

◎ 도덕, 인간, 영의 질서가 그러하다.

p. 178

○ 1956년 7월 29일은 함마르셸드의 51번째 생일이었다. 이날은 내용 없이 날짜만 기입해 두었다.

◎ 시편 27:13-14. "… I believe verily to see the goodness of the Lord in the land of the living. O tarry thou the Lord's leisure: be strong and he shall comfort thine heart."(원주) "내가 산 자들의 땅에서 여호와의 선하심을 보게 될 줄 확실히 믿었도다. 너는 여호와를 기다릴지어다. 강하고 담대하며 여호와를 기다릴지어다."(개역개정)

○ 마이스터 에크하르트의 『신적 위로의 책(*Buch der göttlichen Tröstung*)』 제32편, "모든 피조물로부터 자유로워지고, 하나님 안에서 온전한 위로를 얻으십시오"에서 인용했다. "So dich aber nichts mehr zu trösten vermag denn Gott, wahrlich, so tröstet er dich auch."(원주+)

◎ 파스칼의 말로 추정된다. "L'homme tragique, s'il a cette lumière qu'est le Dieu caché…; il n'y a plus moyen de vivre moyennement, il faut vivre dans la tension sans repos d'exigences exclusives…."(원주)

○ 자사의 말이다. "In the process of this absolute sincerity one can arrive at a knowledge of what will occur."(원주) 역시 파운드의 영역 『대학·중용』(1951)에서 인용했으며 원전인 『중용』 제24장의 첫 번째 문장이다. "至誠之道, 可以前知."(24.1)

◎ 스웨덴 작가인 에리크 린데그렌(Erik Lindegren, 1910-1968)이 함마르셸드에게 보낸 편지의 일부다. "I cannot go to cure the body of my patient, but I forget my profession, and call unto God for his soul." "We carry with us the wonders we seek without us."(원주)

린데그렌은 함마르셸드와 친밀했으며 함께 번역 작업을 진행했고 훗날 함마르셸드의 스웨덴 한림원 회원 자리를 계승했다. 이 구절은 영국 철학자 토마스 브라운(Thomas Browne, 1605-1688)이 쓴 『의사의 종교(*Religio Medici*)』(1642)에서 인용했다.

p. 180

○ E. L.은 스웨덴 시인 에리크 린데그렌의 약자다.

p. 181

○ 북유럽 문화권에서 일요일에 태어난 아이는 복이 있다는 말에서 유래한 표현이다. 여기서는 자신이 있어야 할 자리에 있는 존재에게 은총이 주어진다는 의미다.

p. 182

○ 시편 4:9(원주), 시편 4:8(개역개정·대한성공회). "I will lay me down in peace, and take my rest: for it is thou, Lord, only, that makest me dwell in safety."(원주) "내가 평안히 눕고 자기도 하리니 나를 안전히 살게 하시는 이는 오직 여호와이시니이다."(개역개정)

◎ 시편 37:7-8. "Hold thee still in the Lord … fret not thyself, else shalt thou be moved to evil."(원주) "여호와 앞에 잠잠하고 참고 기다리라 … 불평하지 말라. 오히려 악을 만들 뿐이라."(개역개정)

p. 184

○ 노르웨이 극작가인 헨리크 입센(Henrik Ibsen, 1828-1906)의 희곡 『브란(*Brand*)』(1865)에서 인용했다(원주). '이정표'에서 함마르셸드는 『브란』을 두 번 인용한다. 두 번째 사례는 1961년 성목요일의 일기에서 찾을 수 있다.

p. 185

○ '포크너'는 미국 소설가인 윌리엄 포크너(William Faulkner, 1897-1962)를 가리킨다. '킬로이 다녀감'은 미군들이 점령지 벽면 등에 낙서처럼 써놓던 문구다(원주). 포크너는 1955년 1월 25일 전미도서상을 수상한 후 다음 말로 소감을 전하기 시작했다. "제게 예술가란 자기 이전에는 부재했던 무언가를 창조하려 하는 모든 사람입니다. 인간 정신이라는 상품성 없는 도구와 재료밖에 다른 방도가 없죠. 인간 정신의 언어로, 아무리 조잡하더라도, 자신이 지나야 할 마지막 망각의 벽에다 '킬로이 다녀감'이라고 새기려 드는 모든 사람 말입니다." 이 글은 1955년 2월 6일자 『뉴욕타임스』 북리뷰에 게재되었다. 함

마르셀드는 이 글을 보았던 것 같다.

◎ "I believe that we should die with decency so that at least decency will survive."(원주)

p. 186

○ 시편 18:20-21(원주), 시편 18:19-20(대한성공회·개역개정). "He brougt me forth also into a place of liberty: he brought me forth, even because he had a favour unto me. The Lord shall reward me after my righteous dealing: according to the cleanness of my hands shall he recompense me."(원주) "나를 넓은 곳으로 인도하시고 나를 기뻐하시므로 나를 구원하셨도다. 여호와께서 내 의를 따라 상 주시며 내 손의 깨끗함을 따라 내게 갚으셨으니."(개역개정)

◎ 시편 130:4. "For there is mercy with thee: therefore shalt thou be feared."(원주) "그러나 사유(赦宥)하심이 주께 있음은 주를 경외하게 하심이니이다."(개역개정)

p. 187

○ 토마스 아 켐피스의 『그리스도를 본받아』 제3권 제8장에서 인용했다. "C'est dans cette abysme que vous me decouvrez à moimème— je suis rien, et je ne le sçavois pas."(원주+)

◎ 마이스터 에크하르트의 「'버리고 떠나 있음'과 신의 소유에 관하여(Von der Abgeschiedenheit und vom Haben Gottes)」에서 인용했다. "Ist, ohne jeden Nebenblick, Gott unser Ziel, fürwahr! so muss er der Täter unserer Taten sein. …Dieser Mensch sucht nicht die Ruhe: ihn stört keine Unruhe… er muss eine innerliche Einsamkeit lernen, wo und bei wem's auch sei: er muss lernen durch die Dinge durchzubrechen, muss seinen Gott darinnen ergreifen."(원주+)

p. 188

○ 마이스터 에크하르트의 말이다. "So muss die Seele in der die Geburt geschehen soll gar vornehm leben: ganz einig und ganz innen. …Ein auferhobenes Gemüt muss Du haben, ein brennendes Gemüt in dem doch eine ungetrübte schweigende Stille herrscht." '영원한 탄생(Ewigen Geburt)' 역시 마이스터 에크하르트의 개념이다.(원주)

p. 189

○ 1956년 12월 26일은 성 스테파노 첫 순교자 축일이었다. 이 문장은 T. S. 엘리엇의 「베르길리우스와 기독교 세계(Vergil and the Christian World)」(1953)에서 인용했다. "It merely happens to one man and not to others…, but he can take no credit to himself for the gifts and the responsibility assigned to him. …destiny is something not to be desired and not to be avoided. …it is a mystery not contrary to reason, for it implies that the world, and the course of human history, have meaning."(원주+)

p. 191

○ 시편 40:8-10(원주), 시편 40:7-9(대한성공회·개역개정). "In the volume of the book it is written of me, that I should fulfil thy will, O my God: I am content to do it; yea, thy law is within my heart. I have declared thy righteousness in the great congregation: lo, I will not refrain my lips, O Lord; and that thou knowest."(원주) "그때에 내가 말하기를 내가 왔나이다. 나를 가리켜 기록한 것이 두루마리 책에 있나이다. 나의 하나님이여, 내가 주의 뜻 행하기를 즐기오니 주의 법이 나의 심중에 있나이다 하였나이다. 내가 많은 회중 가운데에서 의의 기쁜 소식을 전하였나이다. 여호와여, 내가 내 입술을 닫지 아니할 줄을 주께서 아시나이다."(개역개정)

1957 1957년에는 15개 일기에 날짜를 써두었다. 이해 초에도 함마르셸드는 수에즈 위기의 여파를 해결하는 데 집중했다. 1월 유엔과 이집트 정부 간 수에즈 운하 개통에 관한 협정이 체결되었으며, 4월에는 수에즈 운하가 재개통되었다. 갈등이 종식되지는 않았지만, 함마르셸드는 이 균형 상태를 유지하면서 정전협정 복원과 난민에 대한 건설적인 지원을 수행하기 위해 고심했다. 5월에는 로마에서 교황 비오 12세, 이탈리아 정부 지도자들을 만났다.

9월 26일, 함마르셸드는 유엔 사무총장에 재선임되었다. 수락 연설에서 그는 사무총장의 권한과 관련하여 이런 말을 남겼다. "…정해진 범주 안에서 사무총장은 자신의 직책과 기구를 최대한 활용하고, 상황이 허용하는 한 실질적으로 기구의 기능을 최대로 발휘할 의무가 있습니다. 유엔헌장과 전통 외교가 평화와 안보를 수호하려는 목적에서 제공하는 체계에 공백을 생긴다면, 필요한 경우 사무총장이 그러한 지침 없이도 행동하길 기대하는 것이 헌장 철학에 부합한다고 생각합니다."

10월에는 국제원자력기구(IAEA) 제1차 회의가 개막했다. 함마르셸드는 취임 첫해부터 평화 목적의 원자력 이용을 위한 국제 협력의 강화를 위해 노력했다. 개막식에서 함마르셸드는 '장기적인 관점에서 IAEA의 프로그램은 유엔 산하 기관을 통해 수행되는 가장 광범위하고 중요한 프로그램 중 하나가 될 것'이라고 언급했다.

연말에는 뉴욕 유엔본부 명상실이 개관했다. 공용 구역에 자리한 이 작은 공간은 침묵과 성찰을 위한 장소로서, 특정 종교를 연상시키는 어떠한 상징 요소도 개입되지 않았다. 함마르셸드는 이 공간의 중요성을 인지하고 직접 승인하여 설립의 세부 사항을 감독했으며, 다양한 종교를 대표하는 이들로 구성된 '유엔 명상실의 친구들'의 지원을 받았다. 프레스코 벽화와 의자 디자인 등 내부 장식은 함마르셸드의 가까운 친구이자 스웨덴 예술가인 보 베스코브가 맡았다. 함마르셸드는 방문객에게 배포되는 안내 책자를 직접 작성하기도 했다.

개인적으로는 스웨덴 외스터렌(Österlen)에 있는 별장을 사들였다. 1840년대에 지어진 네 칸짜리 농장, 일명 바크아크라(Backåkra)였다. 함마르셸드는 은퇴 후 이곳에 정착하려고 마음먹었고 때때로 이곳에서 은신했다. 바크아크라는 함마르셸드의 유언에 따라 스웨덴 관광협회(STF)에 기증되었으며, 지금은 함마르셸드 기념관을 겸하고 있다.

○ 1950-1954년에 그러했듯 어머니가 새해 첫날에 읽던 찬송가의 "곧 밤이 다가온다"라는 가사를 인용하며 한 해를 시작한다.

◎ 핀네베르크(Pinneberg)는 독일 작가 한스 팔라다(Hans Fallada, 1893-1947)의 소설 『소시민은 이제 어쩌지?(*Kleiner Mann – was nun?*)』(1932)의 등장인물이다(원주+).

p. 196

○ 오이디푸스(Oedipus)는 그리스 신화의 인물이다. 테베의 왕 라이오스와 왕비 이오카스테 사이에서 태어났으나 아버지를 죽이고 어머니와 결혼하리라는 아폴론 신탁 때문에 버림받고 코린토스 왕 폴뤼보스의 양자로 자랐다. 이후 스핑크스의 수수께끼를 풀고 영웅이 되어 테베의 왕위에 올랐지만, 신탁이 이루어졌음을 알고서 스스로 두 눈을 뽑고 방랑길에 나섰다.

p. 199

○ "Il n'est d'histoire que de l'âme, il n'est d'aisance que de l'âme."(원주) 프랑스의 시인이자 외교관인 생존 페르스(Saint-John Perse, 본명 Alexis Leger, 1887-1975)의 문장이다. 함마르셸드는 페르스의 문학 세계에 큰 관심을 보였으며 그와 편지를 주고받았고 그의 작품을 스웨덴어로 번역하는가 하면 노벨문학상 후보로 추천하기도 했다. 함마르셸드와 생존 페르스가 주고받은 편지들은 이후 단행본으로 출간되었다.

젊은 외교관으로서 중국에 주재했던 페르스는 첫 임무를 수행하는 동안 고비 사막에서 본격적인 첫 번째 작품인 『아나바세(*Anabase*)』를 썼다. 1917년 베이징에 파견된 페르스는 1921년까지 중국에 머물렀다. 귀국 후에는 파리의 외무부에 재직하며 1938년 뮌헨 회담을 비롯한 주요 회담에 참석했지만, 제2차 세계대전 당시인 1940년 5월 갑자기 해고되어 비시 정권에 국적을 박탈당한 채 프랑스를 떠나야 했다.

페르스는 미국 워싱턴에 정착해 의회도서관 고문으로 일하면서 1941년 자신의 운명을 담은 시 「망명(Exil)」을 발표했다. '이정표'에서 인용한 문장은 이 시 제5연의 한 행으로, 함마르셸드는 1957년 6월 23일 일기에도 이 시 일부를 인용했다.

p. 200

○ 시편 107:29-30. "For he maketh the storm to cease: so that the waves thereof are still. Then are they glad, because they are at rest: and so he bringeth them unto the haven where they would be."(원주) "광풍을 고요하게 하사 물결도 잔잔하게 하시는도다. 그들이 평온함으로 말미암아 기뻐하는 중에 여호와께서 그들이 바라는 항구로 인도하시는도다."(개역개정)

p. 201

○ 생존 페르스의 시 「망명(Exil)」(1941)의 일부다(원주).

◎ 마태복음 26:39.

p. 202

○ '동방으로 향하는 순례자'는 헤르만 헤세(Hermann Hesse, 1877-1962)의 소설 『동방순례(*Die Morgenlandfahrt*)』(1932)에서 인용했다. 1961년 8월 『나와 너』의 스웨덴어 번역 작업과 관련해 보니에르 출판사에 보낸 편지에서, 함마르셸드는 이 책의 번역 계획을 밝히기도 했다.

p. 205

○ 마이스터 에크하르트의 말이다. "Das Beste und Herrlichste, wozu man in diesem Leben gelangen mag, ist, dass Du schweigest und Gott da wirken und sprechen lässest."(원주)

◎ 스웨덴 작가 에리크 악셀 칼펠트(Erik Axel Karlfeldt, 1864-1931)의 시 「과거(Det forgangna)」 7연의 일부다(원주+).

p. 206

○ 영국의 동양학자 아서 웨일리(Arthur Waley, 1889-1966)가 영역한 노자(老子)의 『도덕경(道德經)』 제14장에서 인용했다. '이정표'의 인용문과 원전

은 각각 이러하다. "Endless the series of things without name on the way back to where there is nothing."(원주) "繩繩不可名, 復歸於無物."

p. 207

○ 도교(道敎)의 주요 개념인 '박(樸)'은 자연의 순수함, 꾸밈없는 소박함을 의미한다.

p. 211

1958 이해에도 함마르셸드는 중동 문제에 주의를 기울였다. 2월에는 이집트와 시리아가 합병해 아랍연합공화국이 수립되었고, 요르단과 이라크가 아랍 연방을 형성했다. 위기감이 든 레바논은 유엔에 도움을 요청했고 6월 안보리 긴급회의가 소집되었다. 이때 창설된 레바논 유엔 임시군(UNOGIL)은 연말까지 유엔 안보리 결의에 따라 감시 및 보고 임무를 수행했다.

9월에는 제네바에서 제2차 국제원자력기구(IAEA) 회의가 개최되었다. 함마르셸드와 자문위원회의 지원 아래 열린 이 회의에는 69개국에서 온 2,700명이 참석하여 원자력의 평화적 활용 방안을 논의했다. 11월에는 함마르셸드가 2년간 공들여 준비했던 프로젝트로서 개발도상국과 신생 독립국에 유엔의 운영·집행·행정 인력을 제공하는 프로그램(OPEX)의 설립안이 승인되었다.

하반기에는 중동과 아프리카를 순방했다. 예루살렘 방문 시에는 이해 5월 뉴욕에서 처음 만났던 마르틴 부버의 자택을 찾았다. 1958년과 1961년 사이에 이들은 세 차례 마주 앉아 깊은 대화를 나누었다.

○ 시편 80:20(원주), 시편 80:19(대한성공회·개역개정). "—shew the light of thy countenance; and we shall be whole."(원주) "…주의 얼굴의 광채를 우리에게 비추소서. 우리가 구원을 얻으리이다."(개역개정)

◎ 마이스터 에크하르트의 말이다. "Glaubt mir: zur Vollkommenheit gehört auch dies, dass einer also sich empormache in seinem Wirken, dass alle seine Werke zusammengehen zu einem Werk. Das muss geschehen im Gottesreich…. Denn ich sage euch für wahr: alle die Werke, die der Mensch zustandebringt ausserhalb des Gottesreiches, das sind alle tote Werke, aber die er vollbringt im Gottesreich, das sind lebendige Werke. …so wenig Gott entfriedet und gewandelt wird von allen seinen Werken, so wenig wird es auch die Seele, so lange sie wirkt aus der Ordnung des Reiches Gottes. Darum diese Menschen, sie wirken, oder wirken nicht, inzwischen stehen sie gänzlich ungerührt. Denn Werke geben ihnen nichts, und nehmen ihnen nichts."(원주)

p. 212

○ 마이스터 에크하르트의 말이다. "im Gottesreich –; – alle Werke sind da gleich, mein geringstes ist da mein grösstes, und mein grösstes mein geringstes. – an sich sind Werke etwas Mannigfaltiges und bringen den Menschen in Mannigfaltigkeit, darum sitzt man mit ihnen immer hart am Rande des Unfriedens."(원주)

p. 213

○ 1958년 4월 10일, 함마르셸드가 사무총장으로서 두 번째 임기를 맞이할 즈음 부버와의 서신 왕래가 시작되었다. 이해 4월 16일, 함마르셸드는 부버에게 첫 편지를 보냈다. 이 편지에서 함마르셸드는 영역된 선집 『길을 가리키며(*Pointing the way*)』를 읽은 일을 언급하고 부버의 사상에 호의를 표명하며 만나기를 청했다. 그리고 부버의 미국 방문 일정을 틈타 1958년 5월 1일, 이들은 유엔 사무총장 사무실에서 2시간 동안 대화를 나누었다.

이후로도 두 사람은 편지를 주고받았으며 1958년 9월과 1959년 1월에는 부버의 예루살렘 자택에서 두 차례 만났다. 이들은 냉전이 만든 '불신의 시대'에 유엔이라는 환경에서 '진정한 대화'의 회복 가능성을 논의했으며, 부버는 많은 정치, 군사 문제가 실제로는 인간 행동, 신뢰, 소통의 문제라고 진단했다. 두 사람 사이에 입장 차는 있었지만, 특히 '말(言)'의 문제에 예민했으며 직업적으로 끝없는 대화와 협상의 과정에 있었던 함마르셸드는 부버의 '대화 철학'에 깊은 공감을 표했다.

함마르셸드는 1960년 5월 19일의 기자회견에서 이렇게 말하기도 했다. "…대화에는 꽤 많은 것들이 필요합니다. 객관성, 기꺼이 경청하려는 마음, 그리고 상당한 자제력 같은 것들 말입니다. 모두 인간의 자질입니다. 특별히 이목을 끌지는 않지만 하나같이 필요한 것들이지요."

p. 215

○ 마태복음 6:9-10 참조(원주).

p. 221

○ 이 시의 제목과 내용은 함마르셸드와 교류했던 영국의 조각가 바버라 헵워스(Barbara Hepworth, 1903-1975)의 동명 작품을 연상시킨다. 함마르셸드는 1956년 뉴욕에서 열린 헵워스의 개인전에 출품되었던 〈하나의 형상〉을 대여해 자신의 유엔 사무실에 진열했다. 1961년에는 헵워스가 함마르셸드를 위해 추상 조각 〈추링가(Churinga) III〉을 만들었으며, 함마르셸드 사후에는 기념위원회의 의뢰를 받아 대형작 〈하나의 형상〉을 제작했다. 이 작품은 현재 뉴욕 유엔본부 입구에 서 있다. 헵워스는 이렇게 회고했다. "함마르셸드는 윤리와 도덕적 원칙만큼이나 미적 원칙에 대해서도 순수하고 정확한 인식을 지녔다. 나는 이 두 가지가 그에게는 하나이자 동일한 것이었다고 생각한다."

p. 223

1959 1959년 1월, 함마르셸드는 3주간 중동과 아프리카를 순방했다. 2월에는 소련의 흐루쇼프가 서베를린에서 서방 군대를 철수하고 비무장 자유도시로 만드는 협정을 체결하는 데 유엔이 나서야 한다고 압박해 왔다. 함마르셸드는 "우리에게 유엔이 필요한가?"라는 연설(5월)을 통해 이에 대응했다. 그는 유엔의 존재 목적을 다시금 짚으면서, 이 기구는 협상 가능성을 열어주고 이해 충돌의 해결에 기여하는 한편, '미래의 갈등을 예방하는 국제적, 어쩌면 초국가적 영향력의 행사 방안을 모색하는 지난하고도 부단한 시도의 토대이자 틀로써 필요'하다고 언급했다. 그러면서 정치나 행정 기능을 위해 서베를린에 유엔군이 주둔하는 것은 불가능하다고 답했다.

3월에는 아시아 10개국 순방에 나섰고, 특히 네팔에서는 히말라야 봉우리들을 카메라에 담았다. 이때 찍은 사진들은 「에베레스트를 새롭게 바라보다(A

New Look at Everest)」라는 글과 함께 1961년 1월 『내셔널 지오그래픽(*National Geographic*)』에서 소개되었다.

함마르셸드는 개발도상국과 신생 독립국 등 약소국들의 상황에 꾸준히 관심을 기울였다. 당시 아프리카에서는 신생 독립국인 기니(Guinea)가 프랑스 연방과 결별한 후 기술과 경제 지원을 다 잃고 혼돈에 빠진 상황이었다. 함마르셸드는 세쿠 투레(Ahmed Sékou Touré, 1922-1984) 대통령과 새 정부, 전문 기관과 함께 기니에 대한 유엔의 지원책을 논의했으며, 이를 통해 기니 현지에서 유엔 활동을 계획하는 특별 대표가 임명되었다. 이는 신생 아프리카 국가, 유엔, 공여국 정부 간의 협력을 지원하는 전례 없는 조치였다. 함마르셸드는 1959년 12월 18일부터 5주간 아프리카를 다시 찾았고, 크리스마스를 기니에서 보냈다.

한편 1948년 설립된 유엔팔레스타인 난민구호사업기구(UNRWA)의 임무는 1960년 6월 만료될 예정이었다. 해당 예산의 주요 기여국인 미국은 임무를 갱신하는 대신에 난민 자립을 가속화하는 시스템의 구축을 촉구했다. 함마르셸드는 "난민 문제의 세 가지 주요 요인, 즉 심리적·정치적·경제적 요인에 대한 분석에 대한 권고안"을 제출했으며 이 보고서는 유엔총회에서 승인되었다.

이해에는 라오스 정부가 공산주의 게릴라 활동에 대응하고자 유엔에 지원을 요청해 왔다. 함마르셸드는 이 위기가 또 다른 냉전 분쟁으로 번질까 고심했다. 소련의 반대에도 유엔 소위원회가 라오스에 파견되어 조사 활동을 벌였고, 함마르셸드는 라오스의 수도 비엔티안(Vientiane)에도 유엔 특별 대표를 주재시킬 방안을 찾았다. 이해 말 쿠데타로 라오스에 군사 정권이 수립되면서 유엔을 통한 해결 가능성은 낮아졌지만, 협상은 1960년까지 계속되었다.

1959년 일기에는 일본의 정형시인 하이쿠를 닮은 단시들이 다수 들어 있다. 이 시들은 웁살라의 어린 시절, 스웨덴에서 보낸 여름, 그리고 뉴욕 브루스터 허드슨강 계곡에 있었던 그의 시골집을 떠올리게 한다. 그중 여러 편은 아시아와 아프리카 순방과도 연관된다.

○ 시편 51:8(원주), 시편 51:6(대한성공회·개역개정). "But lo, thou requirest truth in the inward parts: and shall make me understand wisdom secretly."(원주) "보소서, 주께서는 중심이 진실함을 원하시오니 내게 지혜를 은밀히 가르치시리이다."(개역개정)

p. 225

○ '열일곱 음절'이란 일본의 정형시인 하이쿠(俳句)를 가리킨다. 하이쿠는 여기 이 순간의 감각을 담은 짧은 시로서 3행 17음절로 구성되며 '5-7-5'의 음수율을 지닌다. 하이쿠에는 '키고(季語)'라고 하는 계절어를 담는 것이 원칙으로 날씨, 천문, 동식물, 연례행사, 일상생활 등을 나타내는 말이 그러하다. 또 시의 한 부분에 문법 또는 의미상의 단절을 만들고 그 틈으로 상상력을 불러일으키는 것이 특징으로, 이러한 단절을 불러오는 조사와 조동사를 '기레지(切字)'라고 하며 대개 영탄을 나타내는 '~여', '~구나' 등이 이에 해당한다. 다만 정형시라고는 해도 유연성이 있어 글자 수가 맞지 않아도 허용하며, 계절어를 갖추지 않은 '무키(無季) 하이쿠'도 있다.

함마르셸드는 하이쿠에 지대한 관심을 보이며 창작했다. 그의 1959년 일기 속 대부분의 시를 하이쿠로 보기도 한다.

p. 228

○ 사순절 백합(Påskliljans) 또는 노란 수선화의 꽃받침은 예수께서 사용하셨던 성배를 상징한다.

p. 230

○ 외경 에스드라스 2서(13:40-45)에 등장하는 '의인들이 안식하는 땅'으로 영적이고 종말적인 장소를 말한다.

p. 233

○ 코티용(Cotillon)은 유럽의 젊은 여인들이 사교계에 데뷔하는 전통 무도회다.

p. 234

○ 오르키스(Orchis)는 난초과 식물이다. 그리스 신화에서 오르키스

는 사티로스와 님프의 아들로, 아름다우나 방종하여 디오니소스 축일에 여사제를 범하려다 운명의 여신 모이라이를 분노케 하여 짐승들에게 죽임을 당한다. 그가 죽은 자리에서 자라난 식물이 바로 이 오르키스다.

p. 235

○ 스웨덴 사람들은 예로부터 뻐꾸기로 미래를 점쳐왔다. 매년 4월 25일에서 5월 6일 사이는 뻐꾸기가 처음 울기 시작하는 때로 뻐꾸기 날(Gökdagen)이라고 부르며, 언제 어디서 뻐꾸기가 우는지에 따라 한 해의 운세가 결정된다고 믿기도 한다. 예를 들어 남쪽 뻐꾸기는 죽음의 뻐꾸기, 북쪽 뻐꾸기는 슬픔의 뻐꾸기, 동쪽 뻐꾸기는 위로의 뻐꾸기, 서쪽 뻐꾸기는 최고의(복된) 뻐꾸기다. 예수 승천일 즈음에 새소리를 들으러 자연으로 나가는 예코타(Gökotta)라는 전통 행사도 있다.

p. 238

○ 베젤레(Vézelay)는 프랑스 부르고뉴 지방에 있는 로마네스크 양식의 수도원 교회로, 함마르셸드는 파리에서 지내는 동안에 자주 이곳을 방문했다(원주).

◎ 마니차는 티베트 불교에서 사용되는 원통형의 기도 바퀴로, 티베트 사람들은 이 마니차를 한 번 돌릴 때마다 경전을 낭송하는 것과 같은 공덕이 쌓인다고 믿는다.

○ 비슈누(Vishnu)는 우주의 균형을 상징하는 힌두신이다.

p. 243

○ 고대나 중세의 고문 방법인 '철의 시련'을 가리킨다. 의혹이 있는 사람이나 죄인에게 불타는 철을 들게 하여 그들의 순결이나 무죄를 증명하게 하던 방식이다(원주).

p. 244

○ 폴 라쿠르(Paul La Cour, 1902-1956)는 덴마크 시인이다(원주). 함마르셸드는 그의 책을 여러 권 소장하고 있었다. 1961년 8월 『나와 너』 번역과 관련해 보니에르 출판사에 보낸 편지에서, 함마르셸드는 라쿠르의 시를 영어로 옮길 생각이 있다고 밝혔다.

◎ T. E. 로런스(T. E. Lawrence, 1888-1953)는 영국 작가다(원주). 함마르셸드의 도서 목록에는 로런스의 『지혜의 일곱 기둥(*Seven Pillars of Wisdom*)』(1935)이 포함되어 있다.

p. 246

○ '오닐'은 미국의 극작가 유진 오닐(Eugene O'Neill, 1888-1953)을 가리킨다(원주). '빌리 브라운(Billy Brown)'은 그의 희곡 『위대한 신 브라운(*The Great God Brown*)』(1926)의 등장인물이다. 이 극의 인물들은 여러 개의 가면을 착용하며, 가면은 취약한 내면을 숨기고 보호하는 동시에 호감 어린 이미지를 투사하도록 돕는 장치다. 하지만 진정한 자아를 드러내지 못하는 데서 오는 긴장감은 인물들을 고통스럽게 하고 서로에게서 점점 더 고립시킨다. 함마르셸드는 스톡홀름 왕립극장에서 오닐의 미발표 희곡 『밤으로의 긴 여로(*Long Day's Journey into Night*)』가 초연되는 데 힘을 보태기도 했다. 11월 1일은 일요일이었다.

p. 248

○ 예스타 룬드크비스트(Gösta Lundquist, 1905-1952)는 스웨덴 사진작가다(원주). 그는 함마르셸드와 같은 산악클럽 회원으로 라플란드에서 함께 하이킹을 즐겼으며 휴식을 취하거나 설산을 오르는 함마르셸드의 모습을 사진으로 남겼다.

p. 250

1960 함마르셸드는 1959년 12월 18일부터 이듬해 1월 말까지 이어진 순방 일정에 따라 아프리카에 머물렀다. 이 기간에 그는 24개국의 영토 또는

지역을 방문했다.

라오스에서는 1960년 내내 문제가 계속되었고, 인도차이나반도를 둘러싼 갈등은 미국의 베트남전 참전을 불러왔다. 5월에는 미국 정찰기가 러시아 상공에서 격추되었다. 이 사건으로 파리 정상회의가 결렬되었고, 10개국 군축위원회(TNCD)는 무기한 연기되었다. 몇 년간 유지되었던 미국과 소련의 '평화 공존' 시기는 끝난 듯했다. 그런데 이보다 더 큰 위기 상황이 있었다. 7월에 시작되어 함마르셸드의 남은 생애를 옭아맨 콩고 위기가 그러했다.

신생 콩고 민주공화국은 벨기에령 콩고가 6월 30일 독립을 선언하면서 수립되었다. 7월 7일 콩고 민주공화국은 유엔 가입을 승인받았으나 7월 12일에는 공공질서 유지를 위해 유엔에 군사 지원을 요청했다. 안보리는 함마르셸드에게 이 요청에 응할 권한을 부여했고, 그는 평화유지군인 유엔 콩고 활동단(ONUC)을 조직하는 한편 콩고를 떠나는 벨기에 인력을 대체하기 위해 유엔 기술지원 프로그램을 제공하고자 했다. 하지만 콩고의 상황은 광물이 풍부한 카탕가주의 분리 시도, 벨기에군의 철수 실패, 콩고군의 기강 해이, 중앙정부의 분열 등으로 한층 복잡해졌다. 조제프 카사부부(Joseph Kasa-Vubu, 1915-1969) 대통령은 파트리스 루뭄바(Patrice Émery Lumumba, 1925-1961) 총리를 해임하려 했고, 조제프 모부투(Joseph-Désiré Mobutu, 1930-1996) 당시 군 총사령관은 쿠데타를 일으켰다. 카탕가주의 수장인 모이즈 촘베(Moïse Tshombe, 1919-1969)는 독립을 선포했다.

함마르셸드는 콩고에 유엔 콩코 활동단을 계속 주둔시키려 했고 이 때문에 사방에서 공격을 받았다. 특히 소련의 공세가 거셌으며 급기야 흐루쇼프는 그의 사임을 요구했다. 함마르셸드는 자신의 임무가 유엔의 이익에 부합하지 않는다면 사임하겠다고 밝혔다. 이에 흐루쇼프는 서방 강대국, 사회주의 국가, 중립국을 대표하는 세 명의 대표(트로이카)로 사무총장직을 대체하자는 캠페인을 벌였다. 하지만 함마르셸드는 그런 방식으로는 집행부를 효과적으로 유지하기가 불가능하다면서 거부했다.

연말이 되자 상황은 더욱 심각해졌다. 자택에서 유엔 콩고 활동단의 보호 아래 있던 루뭄바 총리는 카사부부 대통령이 유엔총회의 인정을 받은 데 불만을 품고 자신의 정치적 기반인 스탠리빌 지역의 지지자들과 합류하려 이탈했다. 하지만 이내 경쟁자들의 동의하에 체포, 구금되었다. 유엔 안보리와 총회는 갑작스레 벌어진 상황에 어떻게 대응할지 합의하지 못했다.

복잡다단한 아프리카의 위기 상황에 대응하는 동안 함마르셸드는 글쓰기를 멈추지 않았으며 해결 의지를 다잡아 갔다. 이해 10월 24일, 제15회 유엔의 날 기념 콘서트에서는 처음으로 베토벤 교향곡 제9악장(일명 '합창') 전곡이 연주되었다. 공연 전 연설에서 함마르셸드는 이렇게 말했다.

"9번 교향곡이 시작되면 우리는 혹독한 갈등과 그늘진 위협으로 가득 찬 드라마 속으로 들어섭니다. 하지만 제4악장 시작부에서는 다시 한번 다양한 주제들이 반복되는 것을 듣게 되지요. … 이 마지막 찬가를 통해 베토벤은 갈등과 감정의 소용돌이에서 화해로 나아가는 이 길, 이 조직, 그리고 이 조직을 위해 일하는 우리에게 스스로 적용할 만한 고백과 신조를 들려줍니다. … 베토벤이 9번 교향곡에서 걷는 길은 유엔헌장 서문을 쓴 분들이 걸어온 길이기도 합니다. 그 길은 우리 삶의 위협을 인식하는 데서 시작하며, 인류에게 이루 말할 수 없는 슬픔을 안겼던 전쟁의 재앙에서 다음 세대를 구해야 할 필요성을 전합니다. 그리고 인간의 존엄성과 가치에 대한 믿음을 재확인시킵니다. 그 후에는 관용을 실천하고 좋은 이웃으로서 평화롭게 공존하며 이 평화를 지키기 위해 서로 힘을 합치자는 약속으로 끝맺습니다. 우린 아직 제1악장에 있습니다. … 이제 이 교향곡이 그 주제를 발전시켜 두려움에 대한 인식과 신조를 통해 우리를 하나로 모아주길 바랍니다."

1960년에 쓴 일기에는 하나를 제외하고 모두 날짜가 적혀 있다.

○ 스웨덴의 목사이자 시인인 요한 올로프 발린(Johan Olof Wallin, 1779-1839)이 1813년에 쓴 찬송시 3연의 마지막 부분이다(원주+).

p. 251

○ 시편 4:9(원주), 시편 4:8(대한성공회·개역개정). "I will lay me down in peace, and take my rest: for it is thou, Lord, only, that makest me dwell in safety."(원주) "내가 평안히 눕고 자기도 하리니 나를 안전히 살게 하시는 이는 오직 여호와이시니이다."(개역개정)

◎ 시편 60:5-6(원주), 시편 60:3-4(대한성공회·개역개정). "Thou hast showed thy people heavy things: thou hast given us a drink of deadly wine. Thou hast given a token for such as fear thee: That they may triumph because of the truth."(원주) "주께서 주의 백성에게 어려움을 보이시고 비틀거리게 하는 포도주를 우리에게 마시게 하셨나이다. 주를 경외하는 자에게 깃발을 주시

고 진리를 위하여 달게 하셨나이다(셀라)."(개역개정)

p. 255

1961　해가 바뀌어도 콩고 위기는 계속되었다. 특히 루뭄바 총리가 1961년 1월 카탕가주로 압송되어 총살당한 사건은 상황을 한층 악화시켰다. 루뭄바 총리와 지지자들의 살해 건으로 유엔 콩고 활동단에 더 강력한 권한이 부여되었지만, 이 조치는 소련과 프랑스의 반대에 부딪혔다. 프랑스는 콩고에서의 유엔 활동에 대한 더 이상의 재정 지원을 거부했다.

봄과 여름에는 콩고 중앙정부의 재건이 어느 정도 이루어졌고 카탕가주의 독립 시도가 종식되리라는 희망이 보였다. 9월, 함마르셸드는 콩고 민주공화국의 시릴 아둘라(Cyrille Adoula, 1921-1978) 총리와 카탕가주 수장인 모이스 촘베 사이에 회동을 주선하고자 콩고를 찾았다. 그러나 직전에 카탕가주에서 활동 중인 외국 용병을 체포하려던 유엔 콩고 활동단의 시도로 인해 며칠간 교전이 있었고, 유엔 측은 보다 방어적인 태세를 취해야 했다. 협상을 미룰 수 없었던 함마르셸드는 북로디지아(현 잠비아) 은돌라에서 만남을 갖기로 결정했다.

1961년 9월 17일 밤, 함마르셸드가 탄 비행기는 은돌라 공항에 접근하던 중 추락했다. 16명의 탑승자 중 생존자는 없었다.

사고 한 달 전인 1961년 8월 17일, 함마르셸드는 2년간 연락이 부재했던 부버에게 다시금 편지를 써서 그의 저서들을 번역하겠다는 뜻을 전했고, 부버는 환대했다.

1961년 일기에는 5개를 제외한 모든 글에 날짜가 적혔다.

○　함마르셸드가 에리크 린데그렌과 함께 스웨덴어로 옮긴 생존 페르스의 시 「연대기(Chronique)」(1959)의 일부다(원주). 이 시의 번역 작업은 콩고 위기 이전인 1960년 여름에 진행되었다. '불타는 튜니카'란 헤라클레스가 죽인 네소스의 피 묻은 옷을 가리키며, 피할 수 없는 운명이나 치명적이고 기만적인 선물을 암시하는 관용구다. 기독교 맥락에서는 예수의 수난을 상징한다.

◎　함마르셸드가 스웨덴어로 옮긴 미국 작가 주나 반스(Djuna Barnes, 1892-1982)의 『안티폰(*Växelsång, The Antiphon*)』에서 인용했다(원주+). 함마르셸드는 반스와 교류했으며, 작가이자 연출가인 칼 랑나르 이에로브(Karl Ragnar Gierow, 1904-1982)와 함께 자신이 극찬했던 이 작품을 스웨덴어로 번역했다.

○ 시편 109:25-26. "I became also a reproach unto them: they that looked upon me shaked their heads. Help me, O Lord my God: O save me according to thy mercy."(원주) "나는 또 그들의 비방거리라. 그들이 나를 보면 머리를 흔드나이다. 여호와 나의 하나님이여, 나를 도우시며 주의 인자하심을 따라 나를 구원하소서."(개역개정)

◎ 헨리크 입센의 운문극 『브란』(1865)의 마지막 대사다(원주+). 이 작품은 '이정표'에 2회 인용되었으며 이것이 두 번째 사례다.

p. 256

○ 시편 73:16-17. "Then thought I to understand this: but it was too hard for me; until I went into the sanctuary of God."(원주) "내가 어쩌면 이를 알까 하여 생각한즉 그것이 내게 심한 고통이 되었더니 하나님의 성소에 들어갈 때에야…내가 깨달았나이다."

p. 272

○ 시편 60:4(원주), 시편 60:2(대한성공회·개역개정). "Thou hast moved the land, and divided it; heal the sores thereof, for it shaketh."(원주) "주께서 땅을 진동시키사 갈라지게 하셨사오니 그 틈을 기우소서, 땅이 흔들림이니이다."(개역개정)

◎ 시편 73:16-18(원주), 시편 73:17-18(대한성공회·개역개정). "—then I understood the end of these men. Namely, how thou dost set them in slippery places; and castest them down and destroyest them."(원주) "…그들의 종말을 내가 깨달았나이다. 주께서 참으로 그들을 미끄러운 곳에 두시며 파멸에 던지시니."(개역개정)

○ 시편 78:35. "And they remember-ed that God was their strength…."(원주) "하나님이 그들의 반석…이심을 기억하였도다."(개역개정)

p. 273

함마르셸드는 1961년 8월 6일 일요일에 두 편의 시를 적었으며 각각 날짜를 써두었다. 이 시는 첫 번째 작품으로, 이 일기를 영역한 W. H. 오든은 여기에 '나의 원숭이 그린백을 위한 애가'라는 제목을 붙였다. 아프리카 순방 당시 소말리아에서 작은 버빗원숭이를 선물 받았던 함마르셸드는 그 원숭이에게 '그린백(Greenback)'이라는 이름을 지어주고 뉴욕 아파트에서 함께 지냈다. 그러던 어느 날, 아무도 없는 사이에 원숭이가 놀이기구의 밧줄 고리에 걸려 질식사하고 말았다. 오든의 해석을 참고하면 함마르셸드는 이 시에서 원숭이의 죽음을 애도하는 듯하다.

p. 275

1961년 8월 6일 일요일에 쓴 두 번째 시다.

○ 포킵시(Poughkeepsie)는 뉴욕주의 도시로, 바사 대학(Vassar College)이 자리한 곳으로도 잘 알려져 있다(원주). 함마르셸드는 이곳에서 머물렀다.

p. 276

○ 1961년 8월 24일. 함마르셸드가 사망하기 전에 쓴 마지막 일기다.

이 일기를 쓰기 일주일 전이자 사망 한 달 전인 1961년 8월 17일, 함마르셸드는 2년 여의 공백을 깨고 부버에게 편지를 보내 그의 책들을 번역하겠다는 뜻을 전했다. 1961년 8월 23일, 부버는 기꺼이 답신하여 먼저 『나와 너(*Ich und Du*)』(1923)를 번역하길 권하고, 이 책의 최신판과 덧붙이는 글을 보내주었다.

함마르셸드는 이에 응하여 『나와 너』의 스웨덴어 번역에 착수하겠다고 밝혔다. 그리고 훗날 '이정표' 원고를 출간하게 되는 보니에르 출판사 측에 절차를 문의했다. 함마르셸드가 이 작업을 어떻게 이해했는지는 출판사에 보낸 8월 26일자 편지에서 가늠할 수 있다.

"방금 그분에게서 편지를 받았는데, 그 편지는 제게 『나와 너』를 번역하라는 '부름'이 아닌가 합니다. 물론 그 책은 부버의 신비주의 사상의 결정체이고, 형식과 내용 양면에서 현대 철학의 핵심 저서일 뿐만 아니라 이 시대의 몇 안 되는 위대한 시의 하나입니다. 이러한 '부름'에 저는 응해야 한다고 생각합니다. 그래서 한동안은 책을 읽는 대신에 때때로 번역을 해볼까 해요. … 특히 저는 이 책이 철학이나 신학 저작이 아닌 순수문학 작품으로 출판되기를 바랍니다."

출판사로부터 긍정적인 답변을 받은 함마르셸드는 이 내용을 담아 1961년 9월 12일, 부버에게 편지를 썼다. 편지는 1961년 9월 18일, 예루살렘의 부버에게 도착했다. 부버가 라디오에서 함마르셸드의 비행기 추락사고 소식을 들은 지 한 시간이 지난 시점이었다.

함마르셸드는 사고 당시 이 책을 지참하고 있었고, 온전한 형태로 수거된 그의 서류 가방 속 노란색 노트에는 단정한 필체로 적은 번역 원고가 남아 있었다.

참고 목록

문헌

Bernhard Erling. *A Reader's Guide to Dag Hammarskjöld's Waymarks*. 1999.

Dag Hammarskjöld Remembered: A Collection of Personal Memories. 2011.

"Dag Hammarskjöld and the 21st Century." *Development Dialogue*, no. 1(2001).

"Can we save true dialogue in an Age of Mistrust? The Encounter of Dag Hammarskjöld and Martin Buber." *Critical Currents*, no. 8(2010).

이상 Dag Hammarskjöld Foundation 발행.

사이트

유엔	https://www.un.org/depts/dhl/dag/bio.htm
다그 함마르셸드 재단	https://www.daghammarskjold.se
바크아크라	https://dhbackakra.se

연보

다그 함마르셸드(Dag Hjalmar Agne Carl Hammarskjöld, 1905-1961)

1905

7월 29일, 스웨덴 남부의 도시 옌셰핑에서 출생했다. 아버지는 법관 출신의 정치가로서 제1차 세계대전 시기에 스웨덴 총리를 지냈으며 법무부 장관, 우플란드 주지사로 일했던 얄마르 함마르셸드다. 어머니인 아그네스는 기독교 집안의 독실한 신자로, 무뚝뚝하고 말수 적은 남편과 달리 사교적인 성격이었다.

두 사람은 1890년에 결혼했고, 얄마르가 웁살라 대학 법학 교수가 되면서 일찍이 웁살라에 정착했다. 훗날 다그 함마르셸드는 '새로운 세상의 옛 신조들'(1953)이라는 라디오 연설을 통해 부계로는 "공무에 종사하며 조국과 인류에 대한 사심 없는 봉사보다 더 만족스러운 삶은 없다는 믿음"을, 모계의 성직자와 학자들에게서는 "복음의 근본적인 의미에서 모든 사람은 하나님의 자녀로서 평등하며, 우리는 하나님 안에서 그들을 주인으로 맞이해야 한다는 믿음"을 물려받았노라 말했다.

다그 함마르셸드는 사형제 중 막내로, 그가 태어났을 때 형들은 각 14세, 12세, 5세였다. 형제들은 가풍을 좇아 대부분 공무에 임했다. 첫째 보는 정치에 입문하여 쇠데르만란드 주지사, 국가식량위원회 위원장, 사회복지부 차관을 지냈다. 둘째 아케는 변호사이자 외교관으로서 상설 국제사법재판소 판사로 일했다. 셋째 스텐은 저널리스트가 되었다. 그리고 막내 다그는 경제와 외교 분야에서 일했으며 유엔 사무총장직에 올랐다.

1906

아버지가 덴마크 특사로 임명되어 일가는 코펜하겐으로 이주했다. 다만 체류 기간은 길지 않았다.

1907

아버지가 우플란드 주지사로 임명되어 일가는 주도인 웁살라로 이주했다. 주지사 공관이었던 웁살라 성은 가족의 주거지가 되었다.

1914

2월, 아버지가 스웨덴 총리로 임명받아 일가는 스톡홀름으로 이주했다. 이해 6월 28일, 사라예보에서 오스트리아-헝가리 제국의 왕위 계승자인 프란츠 페르디난트 대공이 세르비아 국민주의자에게 암살당하는 사건이 발생했다. 그로부터 한 달 후 7월 28일, 오스트리아-헝가리 제국이 세르비아를 침공하면서 제1차 세계대전이 발발했다. 어려운 시기에 총리가 된 얄마르 함마르셸드는 소속 정당 없이 일했으며, 중립국 스웨덴의 국가 안보와 식량 문제를 해결해야 했다.

1916

웁살라 고등중등학교(Uppsala Högre Allmänna Läroverk, 현 Katedralskolan)에 입학했다. 학창 시절에는 역사, 문학, 생물학, 사회학에 관심이 많았으며 체육에서는 특히 스키에 능숙했다. 또 교내 문화협회(Artis Amici)의 회장직을 맡기도 했다. 이 시기에는 셋째 형인 스텐과 함께 기숙사에서 지냈다.

1917

3월 말, 아버지가 총리직을 사임하고 우플란드 주지사로 복귀했다. 일가는 다시금 웁살라 성에서 거주했다.

1922

웁살라 고등중등학교를 졸업했다. 이즈음 루터교에 입교한 듯하다.

1923-1929

열여덟 살이던 1923년에 웁살라 대학에 입학했다. 대학에서는 언어학, 문학, 역사학, 실천철학을 공부했고 1925년에 우등으로 학사학위를 취득했다. 재학 당시 우플란드 학생

연합(Uppland Nation)의 초대 의장직을 맡기도 했다.

이후 3년간 경제학을 공부했고 1928년 학위를 취득했다. 그리고 2년간 법학을 공부했다.

1930

웁살라 대학에서 법학 학사학위를 취득했다. 학위를 취득하기 전에 스웨덴 실업위원회 서기직(1930-1934)에 임명되었으며 곧이어 스톡홀름 대학에서 경제학 박사과정을 시작했다.

1929년 10월 24일 일명 '검은 목요일'의 미 증시 대폭락 후 불어닥친 대공황으로 세계 경제가 곤두박질쳤고, 유럽에서는 전체주의와 사회주의가 득세하기 시작했다. 스웨덴 실업률은 30%에 달했으며 임금 수준도 하락했다. 당시 실업위원회는 긴급 구조책으로 공공 근로 일자리를 제공할 뿐, 스웨덴은 국가적으로 자유방임주의 경제이론을 좇아 시장 임금이 떨어져야 고용이 늘어나리란 방침을 고수했다.

다그 함마르셸드가 서기로 임명될 당시 실업위원회에는 사회민주노동자당 소속 의원으로서 재무부 장관을 지낸 에른스트 비그포르스를 비롯해 훗날 스톡홀름학파로 불리는 인물들, 곧 스톡홀름 대학 경제학과 교수였던 군나르 뮈르달, 자유당 총재가 되는 베르틸 올린, 에리크 린달 등 다양한 입장의 인물들이 모여 기존 방침을 넘어서는 근본적인 실업 대책과 경기부양책을 고심했다. 젊은 경제학자로서 함마르셸드도 이들과 함께 머리를 맞대었다. 다그 함마르셸드는 '계획 경제(Planekonomi)'라는 용어를 고안했다고도 알려져 있다.

1932년 총선에서는 페르 알빈 한손이 이끄는 사회민주노동자당이 승리했다. 한손이 내세웠던 '국민의 집(folkhemmet)'이라는 구호, 즉 "나라는 온 국민이 행복을 누릴 수 있는 집이 되어야 한다"란 메시지는 스웨덴 대중의 마음을 사로잡았을 뿐만 아니라 당대의 문구가 되었다. 이후 사회민주노동자당은 1976년까지 44년간 장기 집권하면서 사회복지국가의 기틀을 마련했다.

1933

스톡홀름 대학에서 『경기 순환의 확산: 이론과 역사 연구(*Konjunkturspridningen: en teoretisk och historisk undersökning*)』라는 논문으로 경제학 박사학위를 취득하고 경제학 조교수로 임명되었다. 실업위원회 서기로도 계속 일했다.

1935

스웨덴 중앙은행 서기(1935-1941)로 임명되었다.

1936

역대 최연소 스웨덴 재무부 차관(1936-1945, 재임 1945-1948)으로 임명되었다. 당시 재무부 장관인 비그포르스는 사회복지부 장관인 구스타브 묄레르와 함께 향후 스웨덴을 지탱할 경제 및 사회복지 제도의 기반을 다지고자 했다. 다그 함마르셸드는 이들과 협력하여 경제 정책을 형성하는 데 일조했으며, 재무부 차관으로서 국외 무역과 재정 협상을 주도했다. 큰형인 보 함마르셸드는 사회복지부 차관으로 함께했다.

1937

정부 지원 경제연구소 자문위원회 위원(1937-1948)으로 일했다.

1940

1월, 어머니가 세상을 떠났다.

1941

스웨덴 중앙은행 총재(1941-1948)에 선출되었다. 재무부 차관직도 겸했는데, 나라 경제를 책임지는 엄중한 두 직책을 한 사람에게 맡기는 것은 전례 없는 일이었다. 제2차 세계대전(1939-1945)의 한복판에서, 다그 함마르셸드는 중립국 스웨덴의 경제를 돌보았다.

1945

아버지와 함께 지내던 생활을 정리하고 아파트로 이사했다. 10월 24일, 유엔(UN, 국제연합)이 공식 출범했다.

1945년 초에는 내각의 재정 및 경제 문제 자문위원으로 임명되어 전후 정부 계획을 조직하고 조정했으며, 경제 협력과 국제 교류를 담당했다.

1946

스웨덴 외무부의 재정 고문직에 임명되었다.

1947

7월부터 9월까지 개최된 열린 파리회의 곧 유럽경제협력회의(CEEC)에 스웨덴 대표로 참석했다. 이 회의에서 미국에 대한 공동원조 요청이 이루어졌고, 이듬해에 유럽경제협력기구(OECC)가 설립되었다.

1948

유럽경제협력기구(OECC) 스웨덴 대표로 선출되었다. 마셜 계획에 따라 서유럽의 재건을 위해 설립된 이 기구에서는 첫 일 년간 집행위원회 부의장으로 일했으며 국제 금융 협상가로서 주목을 받았다.

1949

스웨덴 외무부로 자리를 옮겼다.

1950

1월, 영연방과 스칸디나비아 3국(스웨덴·노르웨이·덴마크)의 경제동맹인 유니스칸(UNISCAN) 협의에서 스웨덴 대표부를 이끌었다.

1951

타게 엘란데르 내각에서 외무부 차관보와 무임소장관(1951-1953)으로 일했다. 또한 파리에서 열린 제6차 유엔총회 스웨덴 대표부 부단장(1951-1952)에 임명되었다.

사회민주노동당 내각에서 계속 일했지만, 다그 함마르셸드에게는 아버지와 마찬가지로 당적이 없었다.

1952

뉴욕에서 열린 제7차 유엔총회 스웨덴 대표부 단장(1952-1953)에 임명되었다.

1953

4월 7일에 열린 제423차 유엔총회에서 제2대 유엔 사무총장으로 선출되었다. 4월 10일, 다그 함마르셸드는 유엔총회에서 취임 선서를 했다. 첫해에는 유엔 사무국을 정비하는 한편 '조용한 외교(Quiet Diplomacy)'라는 정치철학과 사무총장의 공적 책임, 유엔의 특수성을 대중에 전달했다. 취임 후 얼마 지나지 않아 아버지가 세상을 떠났다.

1954

12월 20일, 아버지에 이어 스웨덴 한림원 회원으로 선출되었다. 부자가 자리를 물려받는 일은 한림원 역사상 처음 있는 일이었다.

1955

중국을 방문(1954.12.30-1955.1.13)하여 한국전쟁 중 격추되어 중국에 억류된 미 공군 장병들의 석방 협상에 나섰다. 이는 유엔총회가 인도주의 목적이 아닌 이유로 사무총장에게 중재를 요청했던 첫 사례였다. 다그 함마르셸드는 자신이 총회 결의안에 명시된 내용을 대변하는 것이 아니라 유엔헌장에 따라 독립기관으로서 사무총장의 역할을 행하는 것이라는 '베이징 공식(Peking Formula)'을 내세웠다.

즉각 석방 합의를 이루지는 못했지만, 냉각되었던 미국과 중국의 관계는 개선의 여지를 보였다. 그리고 5월 29일 4명의 미군에 이어 8월 1일, 남은 인원 전원이 석방되었다. 이 과정에서 함마르셸드의 외교 수완은 널리 인정받았고 유엔 사무총장의 역할도 한층 강화되었다.

1956

연초에는 사무총장으로서 첫 세계 순방에 나섰다. 특히 이스라엘과 아랍 국가 간 휴전 협정을 중재했으며, 7월 발발한 제2차 중동전쟁(수에즈 위기) 때는 유엔 최초의 평화유지군(당시 명칭은 유엔 긴급군, UNEF) 임무를 공식화하고 이후 세계가 공유할 '평화유지'라는 개념을 제시했다. 다만 헝가리 혁명과 소련의 폭력적 대응 사태에는 개입할 수 없었다.

1957

전해에 이어 수에즈 위기의 평화적 해결을 지원했다. 9월 26일, 아직 5년 임기가 끝나지 않은 상황에서 만장일치로 유엔 사무총장에 재선임되었다. 10월에는 원자력의 평화적 사용을 위한 국제원자력기구(IAEA) 제1차 회의가 개막했다.

연말에는 뉴욕 유엔본부 명상실이 개관했는데, 이곳은 침묵과 성찰을 위한 장소로서 함마르셸드는 설립의 세부 사항을 감독했으며 안내 책자를 직접 작성하기도 했다. 개인적으로는 스웨덴 외스터렌에 있는 1840년대에 지어진 네 칸짜리 농장, 일명 바크아크라(Backåkra)를 사들였다. 이후 바크아크라는 유언에 따라 스웨덴 관광협회(STF)에 기증되었으며, 지금은 다그 함마르셸드 기념관을 겸하고 있다.

12월에는 스웨덴 한림원 연례회에서 '린네 전통과 우리 시대'라는 주제로 연설했다. 크리스마스는 유엔 긴급군 병사들과 함께 가자지구에서 보냈다.

1958

전해와 같이 중동 문제를 해소하기 위해 주의를 기울였다. 2월 이집트와 시리아가 합병해 아랍연합공화국이 수립되었고, 요르단과 이라크가 아랍 연방을 형성했다. 위기감이 든 레바논은 유엔에 도움을 요청했고, 6월 안보리 긴급회의 후 창설된 레바논 유엔 임시군(UNOGIL)은 연말까지 감시 및 보고 임무를 수행했다. 요르단에는 사무총장 특별 대표 사무실을 설립했다.

9월에는 제네바에서 제2차 국제원자력기구(IAEA) 회의가 개최되었으며, 11월에는 함마르셸드가 공들여 준비해 온 프로젝트로서 개발도상국과 신생 독립국에 유엔의 운영·집행·행정 인력을 제공하는 프로그램(OPEX) 설립안이 승인되었다.

하반기에는 중동과 아프리카를 순방했는데, 예루살렘 방문 때는 이해 5월 뉴욕에서 처음 만났던 마르틴 부버의 자택을 찾았다.

1959

유엔 신규 회원국인 신생 독립국들의 현실을 파악하기 위해 아프리카와 아시아를 광범위하게 순방했다. 1월에는 3주간 중동과 아프리카를 방문했고, 3월에는 아시아 10개국 순방에 나섰다. 12월에도 5주간 아프리카를 다시 찾았는데, 함마르셸드는 신생 독립국 현지에서 유엔 활동을 계획하는 특별 대표가 임명된 첫 번째 국가인 기니에서 크리스마스를 보냈다. 후에 함마르셸드는 이 여행이 '오늘날 아프리카에 있는, 모든 종류의 정치적으로 책임감 있는 의견들의 횡단면'을 마주한 기회라고 언급했다.

이해에는 라오스 정부가 공산주의 게릴라 활동에 대응하고자 유엔에 도움을 요청해 왔다. 함마르셸드는 라오스의 내부 분열이 냉전 확산에 빌미를 주지 않도록 주의를 기울였다. 그러는 한편으로, 네팔 순방 때는 비행기를 빌려 히말라야 봉우리들을 카메라에 담았다. 이때 찍은 사진들은 「에베레스트를 새롭게 바라보다」라는 글과 함께 1961년 1월 『내셔널 지오그래픽』에서 소개되었다.

1960

냉전 분위기가 고조되지 않도록 외교력을 발휘하는 한편, 6월 30일에 벨기에령에서 독립한 콩고 민주공화국의 평화를 위해 고심했다. 5월, 미국 정찰기가 러시아 상공에서 격추되어 파리 정상회의가 결렬되었고, 10개국 군축위원회(TNCD)는 무기한 연기되었다. 7월에는 콩고 측에서 공공질서 유지를 위해 유엔에 군사 지원을 요청했고, 함마르셸드는 평화유지군인 유엔 콩고 활동단(ONUC)을 신속히 조직해 배치하는 한편 유엔 기술지원 프로그램을 제공하고자 했다. 이를 위해 7월과 8월에 연이어 콩고를 방문했다. 다만 유엔 콩코 활동단 주둔 건에 대해 특히 소련의 반대가 거셌으며 급기야 사임 압박을 받았으나 불응했다.

비행기로 이동하는 동안에는 틈틈이 글을 쓰고 번역 작업에 임했다. 여름에는 프랑스 작가인 생존 페르스의 「연대기」를 스웨덴어로 옮겼다.

1961

이해 내내 콩고 위기를 진정시키고자 외교적 노력을 기울였다. 동시에 8월 17일, 함마르셸드는 2년간 교류가 없었던 마르틴 부버에게 편지를 보내 그의 저서를 번역하고 싶다는 뜻을 밝혔다. 부버는 『나와 너(*Ich und Du*)』를 추천했고, 이를 받아들인 함마르셸드는 친분이 있던 보니에르 출판사 측에 번역 의사를 전하면서 이 일이 일종의 '부름'인 듯하다고 토로했다.

9월 초, 함마르셸드는 유엔 사무총장 초임 당시 비서였던 페르 린드에게 짧은 편지를 보내어 자신에게 일이 생기면 사무실과 집에 있는 사적인 기록을 정리해 달라고 당부했다.

9월 12일에는 네 번째로 콩고를 방문했다. 그리고 콩고 내부의 협상을 돕기 위해 이동하던 중 9월 18일, 북로디지아(현 잠비아) 은돌라 지역에서 원인 미상의 비행기 추락 사고로 사망했다. 기내 시계는 현지시간 0시 20분에 멈추어 있었다. 16시간 후 은돌라 공항으로부터 불과 15킬로미터 떨어진 곳에서 희생자들의 유해와 비행기 잔해가 발견되었다. 온전한 형태로 수거된 함마르셸드의 서류 가방에는 『나와 너』 번역문 일부가 담긴 노란색 노트가 들어 있었다.

8월 24일에 쓴 글은 그의 마지막 일기가 되었다. 이후 뉴욕에 도착한 페르 린드는 함마르셸드 자택을 둘러보던 중 침대 테이블에 놓인 '이정표' 원고를 발견했다.

10월, 노벨평화상을 받았다.

1963

'이정표' 원고가 미편집 원고 전편을 수록한 형태로 스톡홀름에서 처음 출간되었다. 이 책은 함마르셸드가 『나와 너』의 스웨덴어 번역을 타진했던 보니에르 출판사에서 발행되었다. 이듬해에는 W. H. 오든과 레이프 셰베리의 협업으로 'Markings'라는 제목을 단 영역본이 뉴욕과 런던에서 동시 출간됐다. 오늘날 '이정표'는 20개 이상의 언어로 전 세계에 소개되었다.